Angeline Bauer

Weser – Elbe – Weser-Harz-Heide

Drei Radfernwege zu einer Radreise zusammengefasst

Impressum:

Copyright © 2021 **by arp**
Herausgeber **by arp**
Ledererstraße 12 / 83224 Grassau, Deutschland
info@by-arp.de
Ausgabe Januar 2021

Covergestaltung **by arp**
Fotos Angeline Bauer

AF295215

Inhaltsverzeichnis

Vorwort

Dieses Buch verschafft Ihnen einen Überblick über drei Radfernwege. Wir haben die Tour selbst zusammengestellt und als Rundreise 'erprobt'. Ob Sie nur eine der Touren oder wie wir alle drei im Verbund fahren wollen(18 Etappen), hier finden Sie Informationen und können sich ein Bild machen. Die angegebenen Streckenabschnitte erleichtern Ihnen, eigene Planungen durchzuführen. Über Geschichtliches und wichtige Sehenswürdigkeiten auf der Route informieren wir Sie ausführlich. In welchem Bundesland sie sich gerade befinden, geben wir jeweils an. Auf Streckenbeschreibungen verzichten wir, denn zum einen handelt es sich um Radfernwege, die gut ausgeschildert sind, zum anderen hat man heutzutage ja einen Tourenplaner auf dem Smartphone.

Als erfahrene und langjährige Radreisende wissen wir um das Problem der An- und Rückreise mit Fahrrad und Gepäck. Flusstouren sind schön – aber Flüsse fließen nun mal nicht im Kreis, und nicht immer kommt man mit der Bahn zum Ausgangspunkt oder wieder zurück nach Hause. Auf dieser Tour, für die man sich zwischen zwei und drei Wochen Zeit nehmen muss, lernt man den Norden Deutschlands kennen. Wer will, kann unsere Tour genauso nachfahren. Wir haben unsere Übernachtungen so eingeteilt, dass wir die schönsten Städte besichtigen konnten.

Unser Reisebericht zeigt den Weser-Radweg und den Weser-Heide-Harz-Radweg mit einer Umfahrung des schwierigen Teils durch den Harz. Der Elbe-Radweg wird nur im Mündungsgebiet auf gut 100 Kilometern gestreift. Insgesamt ist die Tour knappe 1200 Kilometer lang und im Allgemeinen nicht schwierig zu fahren.

Wer mehr über das Radreisen (Gepäck, Ausrüstung, Ausstattung, Anreise und vieles mehr) erfahren will, dem empfehlen wir unsere Ratgeber, über die Sie sich im Anhang oder im Internet informieren können.

Anreise

Es ist Frühjahr, die Eisheiligen und die Schafskälte haben wir noch vor uns. Trotzdem brechen wir zu einer dreiwöchigen Radtour auf drei norddeutschen Radfernwegen auf. Der Weser-, der Elbe- und der Weser-Harz-Heide-Radweg. Wobei wir den Elbe-Radweg nur ein kleines Stück fahren, um die beiden anderen Wege miteinander zu verbinden.

Mit dem Auto geht es nach Hann-Münden unweit von Kassel. Es ist Sonntag, kein gutes Wetter, doch für morgen ist Sonne vorhergesagt. Wir, das sind mein Mann René, unser Hund, ein Parson Russel, mit Namen Jack und ich.

Etwa 100 Kilometer vor Hann-Münden müssen wir tanken. Ich gehe zum Bezahlen, die Tür öffnet sich und ich sehe vor mir auf dem Boden einen Cent liegen - ein 'Glückspfennig'! Na, wenn das kein gutes Omen ist!

In Hann-Münden checken wir in einem kleinen Hotel ein, dem Aegidienhof. Danach spazieren wir in die Stadt, um etwas zu essen. Eine Stadtbesichtigung bewahren wir uns als krönenden Abschluss unserer Tour, wenn wir wieder zurückkommen.

Hann. Münden (Niedersachsen) - Bad Karlshafen (Hessen)

Etappe 1 – 55 km

Die Nacht war nicht unbedingt erholsam. Jack, fast 15 Jahre alt, hat Alzheimer und oft Angstanfälle. Obwohl ein erfahrener Radreise- und Hotelhund, kam er mit der neuen Situation nicht zurecht. Es ging ihm so schlecht, dass wir ernsthaft darüber nachdenken, unsere Radtour noch vor Beginn wieder abzubrechen.

Im nahegelegenen Park treffe ich eine Frau mit Hund. Ich frage sie nach einem Tierarzt, und sie nennt mir einen ganz in der Nähe. Wir packen zusammen, fahren in der Hoffnung auf Hilfe dort hin. Dabei passiert etwas, das uns herzlich lachen lässt. Wir folgen der Wegbeschreibung der Frau und entdecken eine Arztpraxis, davor ein junges Paar mit einem großen Hund. Okay, da muss es sein! Ich springe aus dem Auto, und rein in die Praxis! Dort erzähle ich der Arzthelferin an der Rezeption lang und breit von meinem Alzheimer-Hund und unserem Problem. Sie hört mir geduldig zu. Als ich geendet habe sagt sie: „Ja, aber wir sind hier eine Frauenarztpraxis! Der Tierarzt ist ein paar Häuser weiter."

Zum Glück weiß der Veterinär Rat - ein Hanf-Medikament. Ach!? Für Hunde geht es also, für Menschen nicht! Gut zu wissen. Sollten wir in Zukunft mal Lust auf 'Gras' haben, wissen wir ja jetzt, wo wir es kriegen können ...

Tatsächlich reagiert Jack gut auf das Hanföl und wir wagen es, loszulegen. An der Spitze der Flussinsel Tanzwerder, wo Fulda und Werra zusammenfließen und sich zur Weser vereinen, gibt es einen großen kostenlosen Park- und Stellplatz für Camper. Dort, wo sich immer Leute aufhalten und Autos stehen, wähnen wir unseren Wagen sicher. Wir holen die Räder vom Fahrradträger, befestigen unser Gepäck und brechen auf.

Unsere Radtour haben wir selbst zusammengestellt. Wir starten in Hann-Münden mit dem Weser-Radweg. Er zählt zu den schönsten Fahrradfernwegen Deutschlands. Wie eben schon erwähnt hat die Weser keine Quelle. Sie ist ein Zusammenfluss aus Fulda und Werra. In Hann-Münden werden beide Flüsse zur Weser, die nach 450 Kilometern bei Bremerhaven in die Nordsee mündet. Der ausgeschilderte Radweg führt jedoch weiter bis Cuxhaven. Angeblich sind alle drei Radfernwege gut ausgeschildert. Doch für den Notfall hat René sie als Navigations-App für Radtouren

(Komoot) auf sein Smartphone geladen. Mit dieser App haben wir schon auf anderen Radreisen gute Erfahrungen gemacht.

Bereits in Hann. Münden muss er das Smartphone zücken, denn der Weg aus der Stadt ist schlecht ausgeschildert. Man muss von der Tanzwerder-Insel zuerst in die Altstadt zurück, dort über die historische Weserbrücke, dann links, bis zur nächsten Brücke auf der Straße fahren, Ist man auf der anderen Flussseite, biegt man rechts ab. Dort fahren wir eine ganze Weile auf einer Landstraße und dann auf einem Radweg neben der Straße her.

Malerische Dörfer mit schönen Fachwerkhäusern

Bald geht es mit einer Fähre über die Weser, anschließend bei viel Gegenwind mit starken Böen weiter. Später müssen wir die Weser noch einmal mit der Fähre überqueren, und das wird auf dieser Reise nicht zum letzten Mal sein.

Wir haben die heutige Tour bis Bad Karlshafen geplant, haben aber kein Zimmer vorbestellt, denn wir dachten, um diese Zeit dürfte das mit der Zimmersuche kein Problem sein. Irrtum. Trotz der frühen Jahreszeit und obwohl keine Ferien sind, haben sich viele Radler auf den Weg gemacht. Einige Hotels sind noch nicht geöffnet, andere bereits ausgebucht, wieder andere nehmen uns wegen Jack nicht. Hunde sind in deutschen Hotels leider nicht sehr willkommen. Angeblich gibt es zu viele Problemhunde. Unserer ist allerdings sehr gut erzogen, bellt nicht, bleibt allein und schläft in seinem eigenen, mitgeführten Hundebett.

Endlich finden wir im 'Hessischen Hof' ein Zimmer. Unsere Räder dürfen wir in einem abgeschlossenen Durchgang unterstellen. Es sind die einzigen, doch als wir sie am nächsten Morgen holen, stehen plötzlich dreizehn andere Räder neben unseren!

Der kleine Ort gehört zum Landkreis Kassel und ist die nördlichste Gemeinde Hessens. 1699 wurde das heutige historische Zentrum von Landgraf Carl als Exilantenstadt für Hugenotten, protestantische Glaubensflüchtlinge aus Frankreich, gegründet und erhielt den Namen Syburg (Sieburg). Erst anno 1717 wurde Syburg in Carlshaven und 1935 Carlshaven in Karlshafen umbenannt.

Zusätzlich ordnete Landgraf Carl den Aufbau von Fabrik- und Handelszentren an, denn die Hugenotten verfügten über handwerkliches Können, das in Deutschland noch nahezu unbekannt war. Das Strumpfwirken zum Beispiel, die Herstellung von Handschuhen oder kunstvoll gestalteten Hüten. Und er ließ den Landgraf-Carl-Kanal graben, um eine neue Wasserstraße bis in die Residenzstadt Kassel zu schaffen. Daraus wurde dann aber nichts, denn als er 1730 starb, hat man den erst auf 17 Kilometern fertiggestellte Kanalbau eingestellt.

Im selben Jahr, also 1730, entdeckte der hugenottische Apotheker Jacques Galland in Carlshaven Solequellen - der Handel mit Salz begann. Doch erst gut hundert Jahre später baute man das erste Badehaus für Kurgäste und nützte die Solequellen auch für die Behandlung von Asthma, Bronchitis, Rheuma und Ischiasproblemen.

Im letzten Jahrhundert, am 16. und 17. Juli 1965, richtete die 'Heinrichsflut' – so genannt, weil sie sich am Tag des Hl. Heinrich ereignete - in der barocken Altstadt schwere Schäden an. Ein gutes Jahr später wurde der Reisezugverkehr eingestellt. Ausgebaut hingegen wurde Karlshafen als Kurzentrum, und im Jahre 2004 hat man sogar eine neue Solequelle in 1150 Metern Tiefe erschlossen. Als im Dezember desselben Jahres die 'Kristalltherme Weserbergland' (heute Weser-Therme) eröffnet wurde, erhielt der Kurbetrieb in Karlshafen neue Bedeutung.

Die angeblich 'traumhafte Saunalandschaft mit Bootssauna' haben wir nicht besucht und können uns kein Urteil darüber erlauben. Die Altstadt selbst macht auf uns allerdings einen eher tristen und heruntergekommenen Eindruck. Sehr viele Geschäfte, die leer stehen. Dass Schaufenster notdürftig mit irgendwelchen Utensilien dekoriert sind, damit sie nicht so öde wirken, kann darüber nicht hinwegtäuschen. Da wir festgestellt haben, dass Renés Jeans im Auto zurückgeblieben ist, wollen wir eine für ihn kaufen. Es gibt jedoch kein entsprechendes Geschäft!

Den historische Weserhafen, der in den 1920er Jahren von der Weser abgeschnitten wurde, hat man zwischen 2017 und 2019 saniert und wieder an die Weser angeschlossen. Dort sitzt man schön in Straßencafés, sofern es warm genug ist. Wir haben Fleecejacken dabei und wagen es.

Der historische Weserhafen von Bad Karlshafen

Bad Karlshafen (Hessen) - Bodenwerder (Niedersachsen)

Etappe 2 – 71 km

Das 'Gras' für Jack ist super! Wir haben alle gut geschlafen. Ausgeruht fahren wir bereits um 8:45 Uhr vom Bäcker ab, wo wir einen doppelten Espresso und ein Croissant gefrühstückt haben.

Es ist noch recht kalt morgens, trotz Sonnenschein. Am Fluss, der lange Zeit kaum breiter wird, weil er nur selten einen Zufluss hat, herrscht friedliche Idylle. Die Kühe grasen, es wird geangelt, die Sonne scheint und der Radweg ist gut ausgeschildert.

Nach 24 Kilometern gönnen wir uns eine Kaffeepause in Höxter. An den meisten alten Fachwerkhäusern kann man Sprüche und Lebensweisheiten finden, die in der heutigen Zeit manchmal etwas seltsam anmuten.

Lustig finden wir dies: Gott schütze dieses Haus vor Not + Feuer, vor Stadtplanung und vor Steuer.

Die Hotelsuche für den jeweils nächsten Tag hat René als Aufgabe übernommen. Doch leider konnte er für die kommende Nacht kein Zimmer vorbuchen, weil bei booking.com kein Hotelzimmer mit Hund zur Verfügung stand. Das ist doof, denn nun wissen wir nicht, ob wir in Bodenwerder ein Zimmer finden werden. Die nächste größere Stadt wäre Hameln und liegt noch 30 Kilometer weiter entfernt, doch da müssten wir heute über 100 Kilometer fahren. Also los, und auf gut Glück erstmal nach Bodenwerder! Dort fragen wir in drei oder vier Hotels nach, bis wir endlich Glück haben. Im 'Haus Rosengarten', bei einer netten alten Dame, kommen wir unter.

Überall in Bodenwerder liegen Prospekte zu einem Stadtrundgang aus. Folgt man dem vorgeschlagenen Weg, wird man zu allerhand Sehenswürdigkeiten geführt. Dazu gehören wunderschöne alte Fachwerkhäuser, Skulpturen, Brunnen, Kirchen und mehr.

Der Ort wurde Ende des 10. Jahrhunderts im Umfeld des Klosters Kemnade auf einer Weserinsel gegenüber der Lennemündung gegründet. 1287 erhielt die Marktsiedlung mit dem Namen Insula die Stadtrechte. Der Begriff Werder bedeutet ursprünglich 'Flussinsel', bzw. 'trockengelegtes Land'. Heute existiert die Insel als solche nicht mehr, nur der Name erinnert noch an sie.

Wir bummeln durch den Ort und begegnen 'Baron Münchhausen' auf Schritt und Tritt, denn in Bodenwerder wurde Hieronymus Carl Friedrich Freiherr von Münchhausen, wie er korrekt heißt, am 11. Mai 1720 geboren. Er war eines von acht Kindern. Sein Vater, Georg Otto von Münchhausen, Oberstleutnant der Kavallerie, war Gutsherr auf Rinteln und Bodenwerder. Er starb, als Hieronymus vier Jahre alt war.

Den 'Lügenbaron' Münchhausen kennt jedes Kind, denn seine Erzählbände erschienen und erscheinen noch heute in aller Herrenländer und gehören zu den Weltbestsellern. Doch dieser Beiname wird ihm nicht gerecht. Er war ein begnadeter Geschichtenerfinder, der mit seinen brillanten, humorvollen und äußerst phantasiereichen Erzählungen seine Jagdgäste unterhielt. Aber dazu später mehr. Zuerst ein wenig über seinen interessanten Werdegang ...

Wie in seinen Kreisen üblich, schickte man den Jungen, als er dreizehn Jahre alt geworden war, nach Wolfenbüttel an den braunschweigischen Hof, wo er Page von Herzog Anton Ulrich von Braunschweig-Wolfenbüttel wurde. Der junge Hieronymus folgte ihm nach Sankt Petersburg und blad auch in den Russisch-Österreichischen

Türkenkrieg (1736–1739). Der Stoff einiger seiner Erzählungen, z. B. die Geschichte vom „Ritt auf der Kanonenkugel", beruht vermutlich auf seinen Kriegserfahrungen aus dieser Zeit.

1739 wurde Baron von Münchhausen von der Zarin Anna Iwanowna zum Fähnrich der russischen 'Braunschweig-Kürassiere' ernannt, die in Riga lagen. Von dort aus nahm er mit Herzog Anton Ulrich wahrscheinlich am Russisch-Schwedischen Krieg (1741–1743) teil. Ein Jahr später wurde Münchhausen zum Leutnant befördert. Danach endete seine anfänglich so vielversprechende Karriere aufgrund verschiedener politischer Widrigkeiten am russischen Zarenhof. Erst im Jahr 1750 folgte seine Beförderung zum Rittmeister.

Von seinem Freund Georg Gustav von Dunten, ein baltischer Landadliger, wurde er mehrmals auf dessen Landgut eingeladen, wo er sich in einer Schenke des nahegelegenen Ortes Ruthern (Dunte), der heute zu Lettland gehört, zum erst Mal als Geschichtenerzähler hervortat. So lernte er auch von Duntens Tochter Jacobine kennen, die er 1744 heiratete.

Sechs Jahre später kehrte Hieronymus von Münchhausen nach Bodenwerder zurück, um mit

Jacobine auf dem ererbten väterlichen Gut zu leben. Dort erlangte seine Erzählkunst nach und nach Berühmtheit. Zuerst im Freundeskreis, doch bald schon kamen auch Gäste von weither nach Bodenwerder, um seine fabelhaften Geschichten zu hören. Graf Rochus Friedrich zu Lynar, ein Bekannter Münchhausens, publizierte 1761 die ersten drei seiner Erzählungen in einem kleinen Band.

Münchhausen auf seinem halben Pferd
Im Hintergrund sein Geburtshaus

Nach dem Tod seiner Frau Jacobine, die nach 40 Jahren auf Gut Bodenwerder im Alter von 64 Jahren starb, war dem alten Münchhausen das Glück nicht mehr hold. Er heiratete sein erst 20-jähriges Patenkind, Bernhardine Brunsig von Brunn. Doch schon bald nach der Hochzeit scheiterte die Ehe, weil die blutjunge Frau dem 73-jährige Baron, mit dem man sie vermutlich gegen ihren Willen verheiratet hatte, untreu war. Durch den kostspieligen, dreijährigen und aufsehenerregenden Scheidungsprozess verlor Münchhausen fast sein ganzes Vermögen. 1794 musste er, der nie Kinder hatte, aus diesem Grund das väterliche Gut Bodenwerder an seinen Neffen Wilhelm abtreten, der jedoch so anständig war, seinen alten Onkel weiter in dessen Geburtshaus wohnen zu lassen.

Der Universalgelehrte und Kustos Rudolf Erich Raspe, einige Male bei Münchhausen zu Gast gewesen, stahl 1774 Münzen aus der landgräflichen Sammlung in Kassel und floh, um seiner Strafe zu entgehen, nach London. Dort veröffentlichte er 1785 unter Münchhausens Namen und ohne dessen Wissen eine Reihe von Anekdoten und Reiseabenteuern. Raspes Buch wurde zum Bestseller, vier immer wieder erweiterte Neuauflagen folgten und wurden bald auch ins Deutsche übersetzt. Bereits 1761 hatten Graf Lynar und zwanzig Jahre später ein anonymer Autor sogenannte Münchhausiaden publiziert. Die Bücher ließen Hieronymus von Münchhausen zwar weltberühmt werden, brachten ihm allerdings den Ruf als „Lügenbaron" ein. Wegen solcher Veröffentlichungen und der ruinösen Scheidung von Bernhardine fühlte sich Münchhausen der Lächerlichkeit preisgegeben. Der einst so humorvolle und phantasiebegabte Baron starb im Alter von 82 Jahren als verbitterter, unglücklicher Mann auf seinem Gut, das längst nicht mehr ihm gehörte.

Fußgängerzone von Bodenwerder

Nach unserem Stadtbummel trinken wir in einer Kneipe am Weserufer ein Weizen, später essen wir beim Griechen auf der Terrasse. So lassen wir den Abend in Bodenwerder ausklingen.

Bodenwerder bis Rinteln (Niedersachsen)

Etappe 3 – 60 km

Schreck am Morgen! Meine Brille ist verschwunden! René schläft noch, verzweifelt suche ich tastend und halb blind danach. Mir fällt die Sonnenbrille ein, die könnte helfen – auch weg! Panik schleicht sich ein. Ich wecke René und male mir bereits die schlimmsten Szenarien aus. Eine Billigbrille kaufen, Ersatzbrille von zu Hause schicken lassen ... Da finde ich sie hinter dem Nachtkästchen. Die Sonnenbrille im knallroten Etui taucht erst viel später zwischen Renés Klamotten auf. Das gibt mir zu denken. Als Brillenträger sollte man auf eine so lange Radreise besser eine Ersatzbrille mitnehmen ...

Beim Frühstück buchen wir gleich für die nächsten zwei Nächte. Zimmer mit Hund finden sich weiterhin sehr spärlich. Dann brechen wir auf, fahren erst nach Hameln, wo wir eine Pause einlegen und einen 'Doppelten' trinken.

Hameln gefällt uns als Stadt nicht besonders. Zu viele Bausünden, wie wir finden. Ein sehr altes Haus in der Fußgängerzone ist wunderschön renoviert – doch im Erdgeschoss ein Laden mit knallbuntem Billigzeugs, der sich mit einer noch bunteren Werbetafel schmückt. Das tut richtig weh. Ich will sehen, was hinter der Fußgängerzone noch ist, nehme die Seitenstraße und stelle fest, da ist zwar weniger los, aber es wirkt auch nicht gerade anheimelnd.

Um 12 Uhr weiter. Erst einmal eine ganze Zeit neben der Straße her, bis wir eine Bank finden, um Brotzeit zu machen. Und dann der zweite Schreck des Tages – der Fotoapparat funktioniert nicht mehr! Akku leer, obwohl ich ihn doch gestern geladen habe. Ich hoffe, dass es in Rinteln einen Fotoladen gibt und man dort helfen kann. - Einen Fotoladen gibt es dann zwar, aber der hat Mittwochnachmittag zu!

Das vorgebuchte ‘Hotel Brückentor‘ liegt direkt an der Weser. Wir sind im sechsten Stock, blicken auf den Fluss, einen Sandstrand am anderen Ufer, die Stadt und die Brücke, die als ‘Wahrzeichen‘ von Rinteln gilt, was uns wundert, denn wir finden sie weder besonders noch schön. Schön ist hingegen die historische Altstadt, sie wirkt gepflegt, hat nette Straßencafés. Auch hier begegnet uns Münchhausen wieder, denn wie bereits erwähnt war sein Vater Gutsherr nicht nur von Bodenwerder, sondern auch von Rinteln.

Als wir in einem Straßencafé am Marktplatz ein Radler bestellen, lernen wir, dass es in dieser Gegens 'Alster' heißt. Zum Alster bestellen wir uns zu zweit eine Portion 'Matjes-Hering nach Hausfrauenart'. Zwar bekommen wir dann den erwarteten Matjes-Hering, aber er ist 'in Begleitung von Bratkartoffeln'. Egal, verschieben wir halt das Abendessen beim Chinesen auf etwas später.

Zur Info: Auch in Rinteln kann man einem historischen Stadtrundgang folgen, die Prospekte liegen überall aus.

Rinteln - Petershagen (Nordrhein-Westfalen)

Etappe 4 – 63 km

Gleich morgens um 9 Uhr fahren wir zum Fotoladen. Offenbar habe ich das falsche Ladekabel mitgenommen. Der Ladenbesitzer kann mir kein passendes Kabel verkaufen, lädt mir aber den Akku. Ich wundere mich ein wenig, denn in den letzten Tagen hat das mit dem Aufladen und dem Kabel ja funktioniert.

Wir trinken einstweilen einen Doppelten und essen ein Croissant. René nutzt die Zeit, um ein Zimmer für Nienburg zu buchen. Im 'Hotel zur Sonne' wird er fündig.

Als wir weiterfahren scheint die Sonne, aber es ist sehr kühl. Unsere Mittagsbrotzeit essen wir kurz vor Bad Oeyenhausen auf einem Picknickplatz. Anschließend radeln wir noch in die Stadt, weil wir einen Espresso trinken wollen. Die Fahrt in den Ort, merken wir später, ist ein großer Umweg, den wir uns gut hätten sparen können. Aber was soll's, wir sind ja nicht auf der Flucht ...

Wir kommen an Porta Westfalica vorbei, gegenüber, auf einer Anhöhe sehen wir das Kaiser-Wilhelm-Denkmal. Ich will ein Foto davon machen, aber der Apparat funktioniert schon wieder nicht mehr! Ich muss mit dem Smartphone fotografieren und vermute, dass der Akku einfach nicht lange genug geladen war.

Wir überqueren die Schachtschleuse Minden. Dort legen wir einen Stopp ein, denn es ist ein mächtiges und interessantes Bauwerk, das eine nähere Betrachtung lohnt.

Die Schleuse wurde von 1911 bis 1914 gebaut, um den Mittellandkanal mit der Weser zu verbinden. Sie verfügt über 6 Türme, denen sie ihr markantes Erscheinungsbild verdankt, hat eine nutzbare Kammerlänge von 85 Metern und ist 10 Meter breit. In den beiden großen Türmen sind die Gegengewichte für das 63 Tonnen schwere Hubtor am sogenannten Unterhaupt der Schleuse befestigt. Die vier kleineren Türme sind Ventiltürme. Sie sind nötig, um die jeweils vier Sparkammern zu leeren oder zu füllen, die sich unter ihnen befinden. Am Oberhaupt verfügt die Schleuse über ein Klapptor.

In Petershagen haben wir uns in der 'Pension Radhaus' eingemietet. Sie ist nicht gerade luxuriös, kostet aber mit Hund und ohne Frühstück 80 Euro. Der Ort ist zwar hübsch, nette Geschäfte, wir finden aber keine Kneipe, wo man gemütlich was trinken könnte. Deshalb kaufen wir uns beim Getränkehändler ein Bier und setzen uns damit an den Fluss. Später gehen wir ins 'Rast im Knast'. Das Restaurant heißt so, weil es sich in einem alten Gefängnis befindet, das ans ehemalige Gerichtsgebäude angeschlossen ist. In den Gefängniszellen hätten wir sogar mit Hund übernachten können. Allerdings in Stockbetten und mit Bad & WC auf dem Flur .

Auf der Terrasse im Biergarten sitzt man nett. Der Pächter ist Perser, es wird persisch gekocht.

Immer wieder einmal überquert man die Weser
auf dieser Radtour mit einer Fähre

Petershagen bis Nienburg (Niedersachsen)

Etappe 5 – 52 km

Die Gegend ist inzwischen flach, keine Hügel mehr. Sie führt, wie so oft auf dieser Route, auch heute wieder durch ein Naturschutzgebiet und ist weiterhin gut ausgeschildert. Immer wieder sieht man alte Windmühlen und riesige Getreidesilos am Wegesrand - es wird vor allem Getreide in dieser Gegend angebaut. Und Pferde, viele Pferde. Gefühlt hat jeder irgendwo ein Ross auf der Weide grasen.

An den Fahrrad-Wegweisern, die an manchen Kreuzungen stehen, kann man erkennen, wie viele verschiedene Radrouten es hier gibt! Die Mühlenroute, Die Storchenroute, 'Die Kirche im Dorf' und andere mehr. Wir fahren den Weserfernradweg auf der D 9. Manchmal läuft auf unserem Weg auch eine der anderen Routen mit.

Bei einer Wiese voller blühendem Mohn bleiben wir stehen und wundern uns. So viel Mohn - unglaublich schön! Da entdecken wir ein Schild, auf dem steht, dass hier Mohn 'angebaut' wird, um Samen für Blühwiesen zu gewinnen. Da fällt mir die große vermeintliche Wiese voller Margeriten ein, die ich kurz zuvor fotografiert habe. 'So viele Margeriten und kein anderes Hälmchen dazwischen', hatte ich mich gewundert. Jetzt ist klar: Die Margeriten werden ebenfalls zur Gewinnung von Samen angebaut.

In Estorf, im Hof-Café zum Storchennest, legen wir eine Rast ein. Das namengebende Storchennest befindet sich auf einem gekappten Baum hinter der Scheune. Tatsächlich sind darin gerade Jungvögel zu beobachten, die schon bald flügge sein werden und Trockenübungen im Flügelschlagen machen. Papa (oder Mama?) passen auf, dass nichts passiert.

Ein paarhundert Meter weiter fahren wir durch ein historisches Scheunenviertel (auch Scheunendorf). Als Scheunenviertel bezeichnet man eine am Rand einer Ortschaft oder Stadt gelegene Ansammlung von Scheunen zur Lagerung von Heu, Stroh, Getreide und Saatgut. Grund für das Errichten solcher Scheunenviertel war zum einen die hohe Brandgefahr durch die mögliche Selbstentzündung der eingelagerten Heu-Mahd. Doch auch Plünderungen und Brandschatzungen im Dreißigjährigen Krieg hatten dazu geführt, dass Gemeinden, versteckt im Wald, Scheunenviertel errichteten, um möglichst zu verhindern, dass lebensnotwendige Vorräte Plünderern zum Opfer fielen.

In Nienburg endet unsere heutige Tour. Wir checken im 'Hotel zur Sonne' ein und schauen uns die Stadt an.

Im Mittelalter war Nienburg (heute rund 32.000 Einwohner) eine wichtige Festungsstadt am Weserübergang. Die Fachwerkgebäude, Burgmannshöfe und Patrizierhäuser zeugen noch davon. Seit einer Auszeichnung der 'Stiftung Lebendige Stadt' darf Nienburg von sich behaupten, Europas schönsten Wochenmarkt zu haben. Die vielen Museen, wie z.B. das Niedersächsische Spargelmuseum, das Polizeimuseum Niedersachsen, das

Regionalmuseum für die Mittelweser-Region oder ein Lapidarium (Steinsammlung) ist für Radreisende wohl nur interessant, wenn man hier einen Ruhetag einlegen möchte.

Will man einen Stadtrundgang unternehmen, holt man sich im Hotel einen Prospekt und folgt den Bärentatzen, die mit weißer Farbe aufs Pflaster gemalt sind. Warum Bärentatzen mag man sich fragen. Sie verweisen auf die Grafen von Hoya, in deren Besitz Nienburg 1215 bis 1582 war, deshalb ist eine Bärentatze auch im Nienburger Wappen verewigt.

Die Form dieser Wappen-Bärentatze findet sich zudem in einem bekannten Nienburger Gebäck wieder – den Nienburger Bärentatzen eben. Erfunden hat es Ende des 18. Jahrhunderts die Hugenottenfamilie Facompré aus Frankreich, die aus der Heimat vertrieben wurde und nach Nienburg geflüchtet ist. Das Biskuitrezept, das sie streng geheim hielten, brachten die Facompré mit. Von einem Kupferschmied ließen sie sich nach dem Siegel der Hoyaer Grafen die Bärentatzenform fertigen. Noch heute kann man in Nienburg solche Bärentatzen bei fast jedem Bäcker kaufen. Das Originalrezept aus dem 18. Jahrhundert ist allerdings verschollen, aber auch das nachempfundene

Rezept begeistert Liebhaber von Süßem immer wieder und wird gern als Souvenir mitgenommen. Doch da sich so feines Gebäck, in Radtaschen verstaut, nicht heil mit nach Hause bringen lässt, backt man es daheim besser selbst.

Die Madeleineförmchen die man dazu benötigt kann man kaufen. Sie sind meist aus Silikon.

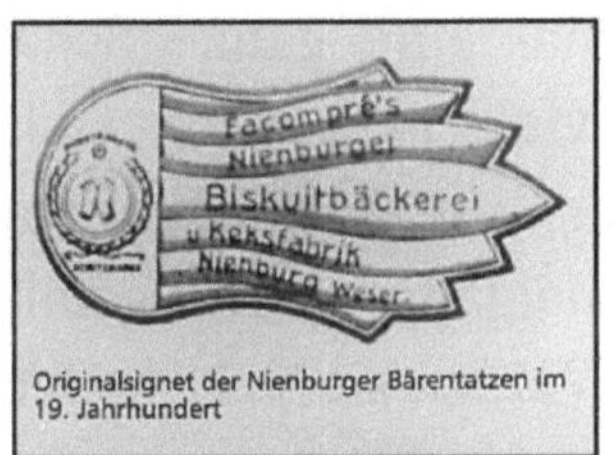
Originalsignet der Nienburger Bärentatzen im 19. Jahrhundert

Hier das Rezept:

Sie benötigen 4 Eier
100 g feinen Zucker
80 g Mehl
dunkle Schokolade

Während man die Eier 10 Minuten lang schaumig schlägt, lässt man den Zucker einrieseln. Das gesiebte Mehl vorsichtig unter die Eimasse heben, dann die Masse in die Madeleineförmchen spritzen und sofort bei 175 Grad backen, bis der Teig aufgegangen und goldbraun ist. Anschließend die Tatzen vorsichtig aus den Förmchen lösen und abkühlen lassen. Schokolade schmelzen, die Tatzen mit der Oberseite hineintunken – fertig!

Von Nienburg bis Verden (Niedersachsen)

Etappe 6 – 69 km

Heute fahren wir mit gefülltem Magen ab, denn wir haben das Hotelfrühstück genommen. Wir überqueren die Weser mal auf einer Brücke, mal per Fähre. Unterwegs sehen wir schöne Dörfer, Hasen, Störche und viele Pferde. Auch Kühe und Schafe natürlich und einmal eine ganze Schar Wildgänse. Davon gibt es viele in Norddeutschland – von Blässgänsen über Graugänse bis hin zu den selteneren Kurzschnabelgänsen. Uns gefällt das, die Bauern, auf deren Weiden sie sich niederlassen, sind allerdings nicht so begeistert.

Zwei Kilometer vor Verden checken wir im Land-
gasthof Hotel zur Linde ein, packen aus, duschen
und fahren nach Verden hinein.

Die Stadt liegt an der Aller, unmittelbar vor deren
Mündung in die Weser. Ihren Namen erhielt sie in
einer Zeit, als sie noch an einer Furt durch die Aller lag, denn Verden leitet sich von einem alten
Wort mit der Bedeutung 'Furt' oder auch 'Fähre'
ab.

Bis zur Reformation war Verden eine Bis-
tumsstadt, in der die Verdener Bischöfe und deren
lutherische Rechtsnachfolger als Reichsfürsten
herrschten, worauf noch heute der Dom hinweist.
Der Vorplatz des Domes, genannt 'Lugenstein',
soll bis ins 9. Jahrhundert als Gerichtsplatz gedient haben.

Über dem Tor, das in den Dom führt, sieht man ein
Wappenschild mit einem gekrönten Löwen, einem
Einhorn und den Initialen GR für Georg Rex, der
hannoversche König Georg V., der auch zum König
von Britannien gekrönt wurde. Einhorn und Löwe
begegnen uns auf dieser Radreise in Wappen, an
Medaillons oder an historischen Gebäuden immer
wieder, oft auch das Einhorn allein. Der Löwe
steht für England, das Einhorn symbolisiert

Schottland. Oft ist es angekettet, denn im Mittelalter wurde dieses Fabelwesen für ein gefährliches Tier gehalten, das nur von einer Jungfrau gezähmt werden konnte. Andererseits symbolisiert es auch das Gute, denn Phönix, Pelikan, Löwe und Einhorn sind Christus-Allegorien.

In Verdens Geschichte finden sich einige schreckliche Ereignisse. So wurden im Jahr 782 im Verdener Raum während des Sachsenkrieges Karls des Großen angeblich 4500 Bewohner bei dem sogenannten 'Verdener Blutgericht' hingerichtet, weil sie sich nicht unterwerfen und den christlichen Glauben annehmen wollten. Auch die Zeit der Hexenverfolgungen hinterließen in Verden ihre blutige Spur. Von 1517 bis 1683 wurden insgesamt 80 Frauen und neun Männer der Hexerei bezichtigt und fanden den Tod. 26 Frauen und sechs Männer hat man verbrannt. Die 15-jährige Margarethe Sievers, die vermutlich nervenkrank war, wurde von den eigenen Eltern angezeigt und 1618 enthauptet. Sechs Frauen wurden zu Tode gefoltert, fünf starben in der Haft. Es gab weitere Prozesse, deren Ausgang allerdings unbekannt ist.

Heute ist Verden Zentrum der Pferdezucht und des Pferdesports und trägt den Beinamen Reiterstadt. Von regelmäßigen Galopprennen auf der Verdener Rennbahn, über Fahrtourniere, allerhand Ausstellungen und Pferdeauktionen des Hannoveraner-Zuchtverbandes, bis hin zu einem nationalen Dressur- und Springturnier der Klasse S findet man in Verden nahezu alles, was mit Zucht und Pferdesport zu tun hat.

Das Abendessen nehmen wir im Hotel zu uns und wundern uns, als wir auf der Speisekarte lesen: >Paniertes Wiener Schnitzel<. Die Portionen sind groß, aber wir haben schon besser gegessen ...

Von Verden bis Bremen (Bundesland Bremen)

Etappe 7 – 48 km

Auch das Frühstück nehmen wir im Hotel, denn wer weiß, ob wir am Pfingstsonntag einen Bäcker finden, der geöffnet hat.

Die Sonne scheint, aber es ist sehr windig und kühl. Für heute haben wir uns nur eine kurze Tour vorgenommen. Wir wollen in Bremen übernachten, damit wir uns in aller Ruhe die schöne alte Hansestadt anschauen können.

Fährt man nach Bremen hinein, führt einen der Weg lange an der Weser entlang. Am Ufer gibt es Sandstrände, Liegewiesen und Spazierwege. Hier vergnügt man sich, wenn man Zeit und Lust auf Entspannung hat. Auch das Weser-Stadion von Werder Bremen steht am Ufer.

Wir checken im Hotel 'Edel Weiss' direkt am Bahnhof ein, moderne Zimmer, nicht zu teuer und zentral gelegen. Nur fünfzehn Minuten zu Fuß, und wir sind in der Altstadt.

Mit knapp 570 000 Einwohnern ist Bremen die elftgrößte Stadt Deutschlands. Die Weser fliest mitten durch die Stadt und mündet bei

Bremerhaven, etwa 60 Kilometer weiter nördlich, in die Nordsee. Die 'Freie Hansestadt Bremen' und die Stadt Bremerhaven mit ihrem Überseehafengebiet bilden einen sogenannten 'Zwei-Städte-Staat' und gelten als eigenständiges Bundesland.

Im Jahr 787 wurde Bremen unter Karl dem Großen zum Bischofssitz und 1186 durch Kaiser Friedrich Barbarossas zur Reichsstadt erhoben. 1260 trat die Stadt der Hanse bei und erlangte dank des Städtebundes wirtschaftliche Bedeutung. Im neuen Selbstbewusstsein befreite sie sich teilweise von der kirchliche Herrschaft des Bistums und errichtete 1404 als Zeichen ihrer weltlichen Freiheit den Roland und bald darauf auch das Rathaus auf dem Bremer Marktplatz - beide gehören heute zum UNESCO-Welterbe. Zwischen 1574 und 1590 hoben die Bremer an der Uferpromenade vor der Altstadt einen für hochseetaugliche Handelsschiffe geeigneten Hafen aus. Doch er versandete schon bald nach seiner Entstehung zunehmend, wodurch es für solche Schiffe immer schwieriger wurde, anzulegen. Von 1619 bis 1623 bauten deshalb im flussabwärts gelegenen Stadtteil Vegesack niederländische Konstrukteure den ersten künstlichen Hafen Deutschlands. Doch die weitere Versandung der Weser war nicht aufzuhalten. Deshalb wurde im Jahr 1827 durch das

Königreich Hannover die Siedlung Bremerhaven gegründet und der dortige Hafen angelegt. Am 20. Februar 1857 gründeten Hermann Henrich Meier und Eduard Crüsemann die Reederei 'Norddeutsche Lloyd', anderer Schifffahrtsgesellschaften folgten, wodurch die Bedeutsamkeit der Stadt untermauert wurde.

Auch in der Weimarer Republik schritten die wirtschaftliche Entwicklung Bremens und die Anbindung an die Welt weiter fort. Bereits 1920 starteten vom Flughafen Linienflüge. Acht Jahre später wurde an der Wesermündung die 'Columbuskaje' eingeweiht, ein Schiffsanlegeplatz für Hochsee-Passagierschiffe. Von hier ausgehend gewann die 'Bremen' das Blaue Band für die schnellste Atlantiküberquerung, und auch heute laufen von diesem Kai Kreuzfahrtschiffe in die ganze Welt aus.

Zurück nach Bremen: Für einen Altstadtrundgang besorgt man sich am besten im Hotel einen kostenlosen Prospekt. Startet man am Bahnhof, wo unser Hotel steht, das wir nur wärmstens empfehlen können, sieht man von der Herdentorbrücke aus die 'Mühle am Wall'. Dann kommt man zur 'Unser Lieben Frauen Kirche' und ist auch schon am Marktplatz. Dort kann man den Bremer Roland bewundern und das Rathaus, das im 17.

Jahrhundert im Stil der Weser-Renaissance erbaut wurde (beides UNESCO-Weltkulturerbe). Auch die Skulptur der Bremer Stadtmusikanten und vieles mehr ist dort zu sehen.

Ganz lustig ist das Bremer Loch vorm 'Haus der Bürgerschaft' – eine Art Gullideckel aus Bronze. Er hat einen Geldschlitz und wird von einer plattdeutschen Aufschrift geziert, die auf die Laute der Bremer Stadtmusikanten anspielt: "Kreih nich, jaul nich, knurr nich, segg i-aa, doh wat in't Bremer Loch" (Kräh' nicht, jaule nicht, knurre nicht, sage ja, tu' was ins Bremer Loch)." Wirft man eine Münze ein, hört man Tierlaute von Hahn, Katze, Hund oder Esel. Das Geld geht an die Wilhelm-Kaisen-Bürgerhilfe, die Projekte für die Menschen in der Stadt unterstützt.

Für Wein-Liebhaber ist der Bremer Ratskeller interessant. Er ist nicht nur eine traditionelle Gaststätte, sondern zählt zu den ältesten Weinkellern Deutschlands. Seit seiner Erbauung im Jahre 1405 werden dort deutsche Weine gelagert und verkauft. Im Keller befindet sich der älteste Fasswein Deutschlands, ein Rüdesheimer Wein aus dem Jahr 1653.

Spaziert man vom Marktplatz aus durch ein Tor mit vergoldetem Relief in die Böttcherstraße, sieht man dort Skulpturen verschiedener Künstler, Innenhöfe und andere Sehenswürdigkeiten und gelangt schließlich zur Weserpromenade. Vom Martinsanleger starten Hafenrundfahrten, und man sieht zwei alte Segler am Kai liegen.

Zurück im Hotel bucht René für den nächsten Tag ein Zimmer in Brake, und ich lasse im Laden nebenan mein Ladekabel für den Fotoapparat prüfen, denn schon wieder funktioniert der Fotoapparat nicht. Doch angeblich ist alles in Ordnung, und das Ladelicht an der Kamera leuchtet beim Laden auch wieder auf. Seltsam ...

Bremen bis Brake (Niedersachsen)

Etappe 8 – 58 km

Sehr früh und ohne was im Magen fahren wir durch eine ziemlich ausgestorbene Stadt. Wir kommen bei Radio Bremen vorbei. Vor dem Eingang zum Funkhaus steht seit November 2013 zu Ehren von Vicco von Bülow eine Loriot-Couch aus Bronze, die an die erfolgreiche Zusammenarbeit zwischen ihm und Radio Bremen erinnern soll. Getreu dem Loriot-Zitat 'Ein Leben ohne Mops ist möglich, aber sinnlos' sitzt auf dem Biedermeier-Sofa ein bronzener Mops. Klar, dass wir unseren Jack dazusetzen und ein Erinnerungsfoto machen - und Jack ist auch ganz interessiert an dem seltsamen starren Artgenossen.

Ist man aus der Stadt führt der Weg lang neben einer Straße her. Später fahren wir auf dem Deich, wo viele Schafe und auch immer wieder Pferde weiden. Heute haben wir öfter mal Rückenwind, jedenfalls solange wir von Süd nach Nord fahren.

Nach einer Flussüberquerung mit der Fähre steht am Wegesrand eine Fischbude, und da gibt es doch tatsächlich richtige 'Broodje Haring', so wie wir das aus Holland kennen. Begeistert stürzen wir uns drauf und erzählen dem Fischverkäufer und allen umstehenden Leuten, dass wir in Bayern wohnen, wo es leider keine 'Broodje Haring' gibt, wie wir doch so gerne essen! Die wollen dann natürlich auch wissen, wohin und woher und freuen sich über Jack. Als wir uns verabschieden meint der Fischverkäufer, dass wir ja auf unserer Strecke auch an dem Fischstand vorbeikommen, den seine Frau führt, und dass wir ihr Grüße von ihm ausrichten sollen. Versprechen wir und packen unsere Brötchen ein.

Einen kurzen Stopp legen wir bei der kleinen Schifferkirche am Deich in der Gemeinde Warfleth ein. Die St. Marienkirche stammt aus dem frühen 15. Jahrhundert. Weil sie in ihrem Inneren mit vielen maritimen Details ausgestattet ist, wird sie von den Ortsansässigen auch 'Schifferkirche' genannt. Altar und Kanzel sind schmuckvoll gestaltet und werden von einer schlichten Holzdecke überspannt. Früher stand St.-Marien ungeschützt direkt am Deich, inzwischen ist sie durch eine stählerne Spundwand vor Sturmfluten geschützt. Geht man den kleinen Weg hinter der Kirche auf den Deich, hat man einen schönen Blick auf die Kirche und die Weserlandschaft.

Unser Fischbrötchen essen wir auf einer Bank zwischen Weser und Bahnhof von Elsfleth. Zuvor waren wir in Warfleth, jetzt sind wir in Elsfleth, und später werden wir noch durch weitere Ortschaften kommen, die irgendwas mit 'fleth' heißen. Wir sind bereits auf der Elbe-Tour, als ich mal ein paar Leute frage was Fleth eigentlich bedeutet: Ein Fleth ist ein kleiner Kanal, eine Gracht.

Nachdem wir in der Pension 'Kajüte' in Brake eingecheckt haben, fahren wir durch den Ort und sehen uns den Hafen an. Brake finden wir nicht so interessant, aber wir entdecken ein nettes Gartenlokal direkt am Fluss, wo wir lange sitzen, auf die Weser und die vorbeifahrenden Schiffe schauen, was trinken, Tagebuch schreiben und Zimmer für morgen reservieren.

Von Brake bis Cuxhaven (Niedersachsen)

Etappe 9– 95 km

Über Schleuse und Hafen verlassen wir morgens den Ort, fahren wieder entlang der Dämme durch typisch norddeutsche Landschaft. Auf der Innradtour hat uns immer das Rufen der Kuckucke begleitet, hier mäht es uns laut von rechts und links an: „Määäh-määäh-määäh!"

Obwohl die Strecke im Allgemeinen gut ausgeschildert ist, besteht doch immer wieder einmal Unklarheit, ob man auch den richtigen Weg genommen hat. Wird zum Beispiel eine Straße erneuert, gibt es zwar für Autos eine Umleitung, aber Umleitungen für den Radweg werden nicht angegeben. Manchmal fehlt auch schlicht der Wegweiser oder er ist hinter Hecken versteckt. Also muss René Komoot befragen. Das kann allerdings zu Missverständnissen führen, denn Komoot weist manchmal andere Strecken aus als die offiziellen Radwanderwege, die zwar oft kürzer sind, jedoch über Straßen laufen.

Als wir nach Nordenham kommen, sehen wir links kilometerweit Bahngleise, auf denen in Fünfer- oder Sechserreihen unbeladene Autowaggons parken. Ein eindrucksvolles Bild, das erahnen lässt, welche Unmengen an Autos verschifft werden.

Und dann sind wir auch schon am Fähranleger und bald auf der Fähre, die uns über die Elbemündung hinweg nach Bremerhaven bringt. Am besten, man stellt sich vorne oder backbord (links) hin, denn auf der Fahrt überquert man die Wesermündung, die linkerhand liegt und zwei unterschiedliche Grenzlinien hat. Für die Schifffahrt endet die Weser am 'Alten Leuchtturm' in Bremerhaven, den man leicht an seinem 'roten Kopf' erkennen kann. Die Seevermessung bezieht allerdings Teile der Außenweser mit ein. Sie hat ihren Nullpunkt an der Luftlinie zwischen Langwarden in Butjadingen und der Wurster Nordseeküste – das ist irgendwo dort draußen auf See.

Ursprünglich hatten wir geplant, in Bremerhaven zu bleiben, denn zum einen dachten wir, die Stadt könnte interessant sein, zum anderen gab es für uns mit Hund zwischen Bremerhaven und Cuxhaven keine vorbuchbare Unterkunft mehr. Und bis Cuxhaven zu fahren würde eine Tour von gut neunzig Kilometer bedeuten. Doch irgendwie haben wir auf Bremerhaven nun doch keine Lust, es zieht uns weiter nach Cuxhaven. Und neunzig oder hundert Kilometer sind wir schon öfter geradelt. Also fahren wir doch noch weiter.

Der Radweg führt uns über die Hafenmeile. Dort gibt es eine ganze Reihe von Museen und anderen Attraktionen. Das Klimahaus zum Beispiel. Den Name verdankt das Museum der Tatsache, dass es genau auf dem 8. östlichen Breitengrad liegt, und natürlich seiner Bestimmung: Hier können Sie auf über 12.000 m² die verschiedenen Klimazonen der Erde am eigenen Körper erleben. Das bedeutet, es kann ganz schön kalt oder heiß werden. Ganz sicher ein Erlebnis, wenn man in Bremerhaven bleibt und Lust auf einen Museumsbesuch hat.

Ein Stück weiter das Atlantikhotel 'Sail City'. Es erinnert in seiner Form ein wenig an das Burj al Arab in Dubai und hat eine Aussichtsplattform, die man mit einem Aufzug erreichen kann. Angeblich sieht man von dort oben bei klarem Wetter bis Wilhelmshaven.

Wir fahren noch einige Kilometer durch den Hafen, bis wir die Stadt verlassen haben, dann lang 'achter de Diek'. Als wir nach etwa einer halben Stunde einen Weg auf den Deich entdecken, fahren wir hinauf, um zur See zu spähen. Oben angekommen liegt vor uns nicht nur das weite Wattenmeer, sondern wir entdecken auch eine Ansammlung von Ess-Buden. Klar, dass wir uns auch hier wieder ein 'Broodje Haring' und dazu ein Radler genehmigen.

Weiter geht es durch das Weltnaturerbegebiet 'Nationalpark Wattenmeer', über Feld und Wiesen, durch Wälder und kurz vor Cuxhaven streifen wir schließlich eine wunderschöne Heidelandschaft, die Duhner Heide. Da haben wir es fast schon geschafft!

Wir checken im Hotel Hohenzollernhof ein, das unweit der 'Alten Liebe' liegt. Ein seltsamer Name für eine ehemalige Hafenpier. Doch dazu später mehr ... Jetzt erst einmal in die Stadt und etwas essen. Dabei lassen wir unsere Erfahrungen auf der

Weserradtour, die nun hinter uns liegt, noch einmal Revue passieren:

Es ist eine schöne Tour, die einfach zu bewältigen ist und wir gerne weiterempfehlen. Von Hann-Münden bis Cuxhaven sind wir 567 Kilometer gefahren. Die Tour ist mit 520 Kilometer angegeben. Dass sie für uns etwas länger ausfiel hat verschiedene Gründe. Zum einen verfährt man sich ab und zu, oder man muss Umleitungen nehmen. Zum anderen fährt man in Städten, in denen man übernachtet, meist auch noch herum, um sich Dinge anzusehen. Das sollte man bei Planungen auch immer beachten: Meistens ist die Tagesetappe am Ende etwas länger als angegeben.

Unterwegs fiel uns auf, dass es hier im Norden sehr viele griechische Restaurants gibt. Dass viele und große Herden von Schafen die Deiche 'pflegen' und gefühlt jeder Zweite ein Pferd im Stall hat. Dass die Kühe auf den Weiden sehr sauber und die Menschen oft sehr dick sind. Der Radweg ist meist gut ausgeschildert, einen Routenplaner sollte man trotzdem dabeihaben. Radler, die einem begegnen, grüßen meist freundlich mit dem üblichen 'Moin' oder 'Moin-Moin'. Wo das Wort seine Wurzeln hat, ist umstritten, es wird aber vermutet, dass der Gruß aus dem Friesischen oder

Plattdeutschen kommt. Auch wenn im Plattdeutschen das Wort Morgen zu 'Moin' verkürzt wird, ist der Gruß im ursprünglichen Sinn von 'mooi' abgeleitet, was schön oder gut bedeutet. Man ruft sich also zu: „Alles gut!" – und das nicht nur morgens sondern zu jeder Tages- und Nachtzeit.

Drei Ruhetage in Cuxhaven

Das Wetter sollte schlecht werden. Das war mit
ein Grund, weshalb wir einen Pausentag in
Cuxhaven einplanten. Außerdem müssen wir uns
ja einmal ausruhen. Doch wenn es auch frisch ist,
am Morgen scheint die Sonne, und so können wir
unseren 'freien Tag' bei gutem Wetter genießen.

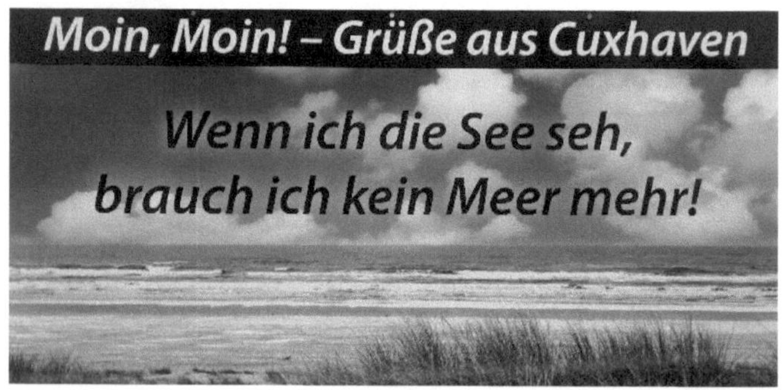

Zuerst heißt es aber: Wäsche waschen. Ein Wasch-
salon ist nur dreihundert Meter vom Hotel entfernt. Während die Maschine läuft, holen wir uns
ein Fischbrötchen und fahren damit zur ehemaligen Hafenpier 'Alte Liebe'. Unser Rad parken wir
am 'Hamburger Leuchtturm'.

Das Backsteingebäude ist eines der Wahrzeichen
Cuxhavens. Es wurde von 1802 bis 1804 durch
Hamburg erbaut, damals gehörte das Gebiet noch
zur Hansestadt. Der Leuchtturm, der unter

Denkmalschutz steht, war bis 2001 in Betrieb. Wir setzen uns auf den Sockel und essen mit Blick auf einen etwas weiter entfernten Radarturm unser Fischbrötchen. Anschließend gehen wir am Mienensucherdenkmal und dem Windsemaphor vorbei zum Pier 'Alte Liebe'.

Der Windsemaphor diente zu seiner Zeit als optischer Übermittler von Wetterinformationen an Schiffe, die von der Elbmündung in Richtung Nordsee fuhren. Er gab Windgeschwindigkeit und -richtung auf den Inseln Borkum und Helgoland an. Die ursprüngliche Anlage stammte aus dem Jahr 1884. Nach einem Sturmschaden wurde sie 1904 neu errichtet. Doch durch die neuen Möglichkeiten der Funktechnik verlor sie schon bald darauf an Bedeutung. Inzwischen wird sie nur noch als technisches Denkmal in Betrieb gehalten. Der Cuxhavener Semaphor ist die letzte im Originalzustand erhaltene Anlage ihrer Art in Europa.

'Alte Liebe' ist der Name einer ehemaligen Pier, die heute nur noch als Aussichtsplattform dient. 1733 wurden an dieser Stelle drei ausgediente Schiffe versenkt, mit Pfählen umgeben und die Zwischenräume mit Steinen ausgefüllt. So wollte man den durch Sturmfluten beschädigten Hafen befestigen und die Große Bake (ein Seezeichen) sichern, die damals die Hafeneinfahrt markierte. Der etwas seltsam anmutenden Name der Pier bezieht sich auf den Namen des vordersten der drei versenkten Schiffe. Die einen glauben, es hieß 'Die Liebe', die anderen vermuten, sein Name war 'Olivia', kurz 'Oliv', was phonetisch dem plattdeutschen Wort für „Alte Liebe" ähnelt - Ol' Leev.

Später diente diese Konstruktion als Schiffsanleger und wurde über die Jahre immer wieder erneuert und ausgebaut. So hat man die maroden Holzpfähle des Unterbaus durch eine Konstruktion aus Stahlbeton ersetzt, über der sich heute ein zweistöckiger Pfahlbau aus Holz befindet. Seit 1982 dient die 'Alte Liebe' nur noch als Aussichtsplattform, von der man die Schifffahrt auf der Unterelbe beobachten kann. Über Lautsprecher werden die Besucher in den Sommermonaten über vorbeifahrende Schiffe informiert: Alter, Größe, Fracht, wo sie herkommen, wo sie hinfahren und mehr. Das einzige Schiff, das heute noch an der Pier liegt, ist das Feuerschiff Elbe 1, das jedoch nur noch als Museumsschiff dient.

Feuerschiffe sind als Leuchtturmersatz an Positionen verankert, an denen aufgrund der Beschaffenheit des Untergrunds oder der Wassertiefe ein Leuchtturm nicht errichtet werden kann. Sie sind stationsfest und in den Seekarten eingetragen, meist rot und auf der Bordwand gut sichtbar gekennzeichnet, wobei die Kennzeichnung für ihre Position steht.

Es gibt bemannte und unbemannte Feuerschiffe. Allen gemein ist, dass sie mit Signalgebern für Nebel, Echolot, Radar und weiteren Hilfsmittel ausgestattet sind, um bei jeglichen Wetterverhältnissen von anderen Schiffen erkannt werden zu können. Unbemannte Feuerschiffe weisen zur oben beschriebenen technischen Ausstattung lediglich Wartungs- und Maschinenräume auf. Das bemannte Feuerschiff enthält zusätzlich auch Mannschaftsräume sowie Räume für Schiffbrüchige.

Das Feuerschiff Elbe 1 war von Dezember 1948 bis April 1988 in Betrieb. Es gab auf Position Elbe 1 im Laufe der Jahre zehn Feuerschiffe, von denen das erste und das vorletzte bei schwerer See sanken, wobei insgesamt 25 Seeleute ihr Lieben ließen. Auf dem dritten wurde 1834 der Schiffskoch vom Blitz erschlagen, was den Ausschlag gab, Blitzableiter an den Masten zu installieren.

Apropos: In der Nähe der 'Alten Liebe' fahren heute die Schiffe nach Neuwerk und Helgoland sowie zu den Sandbänken mit den Seehunden ab.

Strandkorbidylle bei der Kugelbake

Der Windsemaphor von Cuxhaven

Zweiter Ruhetag

Ein neuer Tag, ein guter Morgen. Gestern haben wir beschlossen, noch zwei Ruhetage in Cuxhaven dranzuhängen. Jack geht es wieder besser, und das Wetter hält sich immer noch! Außerdem hat Jack heute Geburtstag, er wird 15 Jahre alt! Das muss doch ordentlich gefeiert werden. Mit einem Kauknochen, einer Extraportion 'Gras' und einem ausgiebigen Strandspaziergang.

Es ist Ebbe. Wir spazieren übers Watt Richtung Kugelbake und wundern uns über die seltsamen Sand-Spaghettihaufen. Wattwürmer vermuten wir, googlen und finden heraus: Wattwürmer graben ein U-förmiges Loch, bis etwa eine Handbreit unter die Oberfläche, darin leben sie. Dort wo der Sandspaghetti-Haufen liegt, ist der Hinterausgang. Vorne am U gibt es ein trichterförmiges Loch. Darunter befindet sich der Kopf des Wattwurms. Er frisst mit seinem Rüssel Sand, der von oben durch das Loch direkt in seinen Rüssel rieselt. Während der Sand durch den Wattwurm 'durchmarschiert', filtert er Bakterien und kleine Algenpartikel heraus, davon ernährt er sich. Übrig bleibt der gefilterte Sand. Um ihn loszuwerden kriecht der Wattwurm etwa alle halbe Stunde rückwärts in seinem U nach oben zum Ausgang und scheide den Sand aus. Das sind die Sandspaghettis, die wir sehen können.

Das Wort Watt stammt übrigens vom altfriesischen Wad ab und bedeutet seichte Stelle im Wasser, durch die man durchwaten kann.

Nackten Fußes erreichen wir die Kugelbake, ein 28,4 m hohes, aus Holz errichtetes Seezeichen. Sie war einst ein wichtiger Orientierungspunkt für Schiffe, die hier vorbeikamen. Im Mittelalter wurden alle Seezeichen, auch Leuchttürme, Bake genannt. Das Wort Kugelbake bezieht sich auf die beiden Kugeln, die sich als Peilpunkt ganz oben auf der Bake befinden. Die Kugelbake ist das Wahrzeichen von Cuxhaven und hat es 1913 sogar aufs Wappen der Stadt geschafft. Weil sie aus Holz besteht, besaß sie noch nie eine längere Lebensdauer als höchstens 30 Jahre und musste  regelmäßig erneuert werden. Holzfäulnis, Witterung, Sturm und Flut setzen und setzen ihr auch heute noch zu. Ein Verein kämpft für ihr Fortbestehen und sammelt Geld.

Geographisch endet an der Kugelbake die Elbe mit einer Breite von etwa 18 km. Symbolisch betrachtet trennt dieses Seezeichen das Elbe- und das Weser-Mündungsgebiet voneinander. Deshalb findet sich an der Kugelbake auch ein Rad-Wegweiser, der in die eine Richtung den Elberadweg anzeigt, in die andere den Weserradweg.

Nachmittags fahren wir in die Stadt, um ein bisschen zu shoppen. Ich suche nach einer neuen Radhose, weil die alte zu groß geworden ist. René kauft sich einen neuen Helm, denn der alte drückt auf die Brille. Danach schaut er noch in die Auslage eines Schuhgeschäfts, und dabei wird ihm das Smartphone von der Halterung am Rad geklaut. Auch wenn das wohl wenig Sinn hat, zeigt er es bei der Polizei an und ärgert sich natürlich gewaltig.

Am dritten Ruhetag fahren wir noch einmal zum Strand, genießen das Meer und das gute Wetter.

Von Cuxhaven bis Stade (Niedersachsen)

Etappe 10 – 96 km

Wir gönnen uns ein Frühstück in einer Kaffeerösterei und staunen nicht schlecht über die aufgetischte Menge. Viel zu viel für uns! Deshalb bestellen wir noch zwei Brötchen dazu, belegen sie mit
dem was übriggeblieben ist und nehmen sie als
Brotzeit mit.

Bei Sonne und starkem Wind fahren wir los. Der
Weg führt lange auf und neben einer Straße am
Hafen entlang, danach durch Weideland vor Deichen, auf denen Schafe grasen, die direkt neben
uns herlaufen. Weil einige Schafe schwarze Köpfe

und Beine haben, fragen wir uns, von welcher Rasse sie wohl sein mögen. Inzwischen weiß ich: Die einfarbig-beigen sind Milchschafe, die mit den schwarzen Köpfen und Beinen Fleischschafe.

Damit die Schafe nicht weglaufen können braucht es Zäune, deshalb müssen wir immer wieder Gatter öffnen und durchschlüpfen, was mit den Rädern nicht leicht ist. Schließlich geht es hinter dem Deich weiter und bald quer durchs Land. Auf einer Infotafel lesen wir, dass (auch) in dieser Gegend viel Pferdezucht betrieben wird. Tatsächlich stehen oft Stuten mit sehr jungen Fohlen auf den Weiden – und manchmal ist weit und breit kein Ort oder Stall zu sehen.

Weil hin und wieder die Wegweisung nicht klar ist, stoppen wir bei einer Übersichtskarte. Davon will ich zur besseren Orientierung für den weiteren Weg ein Foto machen und muss feststellen, dass der Fotoapparat schon wieder nicht geht. Akku leer, obwohl ich ihn natürlich geladen hatte. Es ist zum Verzweifeln! Also befragt René wieder einmal Komoot. Doch Komoot zieht nicht immer mit den Radwegen gleich, deshalb kommen wir vom Elberadweg ab und stellen bald schon fest, dass wir Umwege gefahren sind und statt der angenommenen 80 Kilometer bis Stade um die 90 fahren werden. Zudem hat der Wind zugenommen (Windstärke 6), und auf den letzten zehn Kilometer regnet es dann auch noch.

In Stade checken wir in der Pension Störtebeker ein. Allerdings sind wir wegen des Regens sehr schnell und ohne Pausen gefahren und schon um 15 Uhr da, und in dieser Pension, der Besitzer wohnt außerhalb, ist einchecken erst ab 17 Uhr möglich. Wir rufen ihn an und werden eingewiesen, wie wir die Tür über einen Code öffnen können.

Nach dem Duschen besorgen wir erst einen neuen Akkulader, denn offensichtlich liegt es doch nicht am Kabel. Danach in die Altstadt. Wir sind noch auf dem Weg, da fängt es plötzlich wieder zu regnen an. Was heißt Regen- es duscht in Kübeln, deshalb flüchten wir in eine schöne alte Kneipe.

Als der Regen aufhört, kommt sofort wieder die Sonne durch, und wir sehen uns den Ort an. Stade, mit etwa 50.000 Einwohnern, ist Hansestadt und liegt im Einzugsgebiet Hamburgs am Rand vom 'Alten Land'. Der historische Altstadtkern ist sehr hübsch, liebevoll restauriert und gepflegt. Der kleine Fluss, der durch das Stadtgebiet fließt, heißt Schwinge und mündet nur ein paar Kilometer weiter nordöstlich in die Elbe.

Zuerst einmal haben wir uns gewundert, dass so eine kleine und heute relativ unbedeutende Stadt zur Hanse gehört. Weiß man aber, dass Stade bis ins 13. Jahrhundert der wichtigste natürliche Hafen zwischen Cuxhaven und Hamburg war und hier drei wichtige Fernhandelswege zusammenliefen, wird das verständlich. Die natürliche Schifflände wurde um das Jahr 1000 zum heutigen Alten Hansehafen ausgebaut. Stade bestand zu der Zeit aus fünf Stadtteilen, von denen jedes seine eigene Kirche hatte. Eines davon gehörte zum Erzbistum Bremen, das anno 1038 von Kaiser Konrad II. das Recht erhielt, in Stade einen Markt mit Münze und Zoll zu errichten.

Als das Geschlecht der Grafen von Stade (Udonen) ausgestorben war, fiel die Stadt an Heinrich den Löwen. 1209 verlieh ihr Kaiser Otto IV. das Stadtrecht, und um 1300 wurde der Hafen weiter ausgebaut. Mitte des 13. Jahrhunderts kamen das Stapelrecht und die Befreiung von der Heerfahrt hinzu, wodurch die Stadt immer weiterwuchs. Um mehr Bauland zu gewinnen schüttete man kurzerhand den Marschboden ringsum auf.

Stade trat der Hanse gleich zur Gründungszeit bei. Doch da die Stadt Ende des 16. Jahrhunderts englischen Tuchkaufleuten der Merchant Adventurer eine Niederlassung in ihren Mauern ermöglicht hatte, wurde sie 1601 dauerhaft aus der Hanse ausgeschlossen. Bleibt noch anzumerken, dass die englischen Tuchhändler ihre Niederlassung zehn Jahre später nach Hamburg verlegten, wobei sich mir die Frage stellt, warum es für Hamburg keinen Ausschluss aus der Hanse gab ...

Dass sich Stade heute wieder Hansestadt nennen darf, hat folgenden Grund: Um den grenzüberschreitenden Hansegedanken neu zu beleben haben 1980 ehemalige Hansestädte in Zwolle (Niederlande) die Hanse neu begründet. Trotz des einstigen Ausschlusses beteiligte sich Stade an den alljährlichen Zusammenkünften und bemühte sich so lange, den Titel Hansestadt erneut verliehen zu bekommen, bis der Antrag 2009 bewilligt wurde. Die 'Neue Hanse' ist heute die weltweit größte Städtegemeinschaft.

Dass auch die Schweden eine Rolle in Stade spielten, sieht man an Kanonen und Hauswandgroßen Geschichtstafeln, die man entdecken kann, wenn man durch die engen Altstadtgassen spaziert. Zuerst kamen jedoch die Dänen (1625). Drei Jahre später eroberte der kaiserliche Heerführer Tilly Stade für die Katholische Liga. Doch schon 1636 besetzten die Schweden die Stadt und zerstörten Harschenfleth, die reiche Speichervorstadt Stades. Die Dänen kamen noch einmal zurück, aber 1643 eroberten die Schweden Stade zum zweiten Mal und erhielten die Stadt im Westfälischen Frieden von 1648 zusammen mit dem Erzbistum Bremen offiziell zugesprochen. So wurde Stade schwedischer Regierungssitz der Herzogtümer Bremen und Verden.

Ab 1675 wiederholte sich für Stade das Hin- und Her der Besitzer und Besatzer. Zuerst kamen die Dänen zurück, dann fiel die Stadt bis zum Jahr 1712 wieder an Schweden, schließlich wurde sie neuerlich von dänischen Truppen belagert und im Großen Nordischen Krieg einem Bombardement ausgesetzt, dem ein Viertel der bebauten Fläche Stades zum Opfer fiel.

Bei unserer Sightseeingtour durch die Altstadt bemerken wir, dass es plötzlich bergauf geht. Seltsam, wo man sich hier doch im wahrsten Sinne des Wortes auf dem 'platten Land' befindet. Und dann mitten in der Altstadt ein Hügel?

Als wir unseren Tag wie immer bei einem guten Essen und einem Glas Wein beschließen, halten wir ein Pläuschchen mit dem Wirt unserer Pension und fragen ihn, wie das sein kann. Er erklärt, dass Grabungen ergaben, dass diese Erhebung zu einer der wenigen Burganlagen aus dem 7. Jahrhundert gehörte, die im Gebiet zwischen Elbe und Rhein belegt sind. Der 'Berg' wurde vermutlich aufgeschüttet, um einen besseren Überblick zu haben und aus der erhöhten Perspektive mithilfe von Spiegeln Lichtzeichen zum gegenüberliegenden Ufer schicken zu können. Deshalb heißt die Erhebung auch Spiegelberg. Er erzählt uns außerdem, dass Störtebeker hier im Ort mit den Schweden gekämpft hat, und dass er seinen Namen bekam, weil er angeblich Bier oder Wein aus einem Vierliterhumpen in einem Zug austrinken konnte. Störtebeker bedeutet im Niederdeutschen 'Stürz den Becher'.

Apropos - in der Bierkneipe, in der wir am Nachmittag waren, sah René auf meinem Smartphone (seins wurde ja geklaut), dass am folgenden Tag verheerendes Wetter sein würde. Deshalb überlegten wir, ob wir nicht eine Nacht länger in Stade bleiben sollten. Beim Essen guckt er noch einmal aufs Smartphone und bemerkt – haha! - dass auf meinem nicht das Standortwetter, sondern das Wetter von zu Hause am Chiemsee angezeigt wird. Gut, dass er nochmal nachgesehen hat, denn fast hätten wir schon nachgebucht.

Am historischen Hafen von Stade

Von Stade bis Harburg (Niedersachsen)

Etappe 11 – 52 km

Heute werden wir das 'Alte Land' durchqueren, das von Stade bis Harburg reicht. Das Gebiet liegt südlich der Elbe und ist ein Teil der Elbmarsch. Der Name geht auf das Plattdeutsche Wort Olland (bedeutet Altland) zurück und verweist auf die niederländischen Kolonisten, die zwischen 1130 und 1230 in dieser Gegend lebten und vor allem die elbnahen Gebiete mit dem fruchtbaren Marschboden besiedelten. Die Dörfer, wie man sie hier vorfindet, nennt man Marschhufendörfer. Die oft reich verzierten Höfe (sogenannte niederdeutsche Hallenhäuser) mit den typischen Prunkpforten liegen kopfseitig an der Straße, gleich dahinter beginnt das zugehörige Land.

Die Dächer sind meist mit Stroh, selten mit Reet gedeckt. Um die oberen Kanten vor dem Ausfransen durch Böen zu schützen, wurden sie gewöhnlich mit hölzernen Windbrettern versehen, die meist in zwei gekreuzten Pferdeköpfen (selten auch mit Köpfen anderer Tiere, wie z.B. denen von Gänsen) enden. Diese Verzierungen am Ende der Windbretter werden im Volksmund gerne als 'Rossgoschen' bezeichnet. Darunter befindet sich

Strohgedeckter Hof mit Rossgoschen

Hof mit Prunktor

gewöhnlich ein sogenanntes 'Eulenloch'. Durch dieses Loch konnten Eulen auf den Dachboden gelangen, um Mäuse zu fangen, es diente aber auch als Rauchabzug für das Herdfeuer. Zwar sind 'Rossgoschen' auch in vielen anderen Ländern zu finden – Österreich, Schweiz, Tschechien, ich selbst habe diese Windbretter schon in Südfrankreich gesehen – aber in Niedersachsen sind sie am weitesten verbreitet. Dass dort gerade das Pferd das am häufigsten verwendete Tiersymbol ist, wird allgemein auf das Sachsenross als Wappentier der welfischen Herzöge zurückgeführt. Die Raiffeisenbanken führen die 'Rossgoschen' seit 1935 als Markenzeichen. Das Emblem soll Sicherheit für die Mitglieder symbolisieren.

Im 17. Jahrhundert wurde im Alten Land bereits auf 200 Hektar Obst angebaut. Seit der zweiten Hälfte des 19. Jahrhunderts erstreckt sich der Obstbau fast über das gesamte Gebiet. Heute ist das Alte Land das größte geschlossene Obstanbaugebiet Europas, in dem vor allem Äpfel, aber auch Kirschen, Birnen und anderes Obst reifen.

Um die Kirschbäume vor räuberischen Vögeln zu schützen, war es früher Brauch, in den Sommermonaten sogenannte 'Kirschböller', 'Spreenkanone' oder 'Spreenhüter' (bezieht sich auf Stare, die hier Spreen heißen) zwischen den Bäumen zu platzieren, die man mit Propangas betrieb, und die einen entsetzlichen Lärm veranstalteten. Von Sonnenaufgang bis Sonnenuntergang waren sie oft kilometerweit zu hören. Ende des 20. Jahrhunderts wurden sie nach und nach durch 'Klappermühlen' ersetzt, das sind kleine Windmühlen an langen Stangen, die laute klappernde Geräusche von sich geben. Heute kommen solche Minikanonen und klappernde Stangen zum Glück kaum noch zum Einsatz – da wäre das Radfahren sicher eine Qual! - man greift lieber auf Vogelschutznetze zurück, die über die Bäume gebreitet werden.

Wir erreichen die Este-Mündung südlich von Hamburg. Schon von weitem fallen die Kräne der Pella Sietas Werft auf. Es gibt eine große Aussichtsplattform direkt an der Mündung bei der Hebebrücke Cranz, von der aus man auf die Elbe blicken kann, die an dieser Stelle gut zweieinhalb Kilometer breit ist. Erstaunt stellen wir fest, dass hier noch immer Ebbe und Flut zu beobachten sind, obwohl wir uns doch schon etwa 100 Kilometer von der Mündung entfernt haben. Und auch das Wasser ist immer noch salzig, wie uns jemand erzählt. Auf der anderen Uferseite entdecken wir das Werksgelände von Airbus, an dem wir wenig später noch vorbeikommen werden.

Wir fahren weiter nach Harburg. Dort müssen wir lang durch ein Industriegebiet, um beim B&B-Hotel anzukommen, in dem René ein Zimmer gebucht hat. Hier checkt man per Automat ein. Trotzdem ist es mit 85 € ohne Frühstück nicht unbedingt günstig. Aber die Zimmer sind hübsch und man geht nur über eine Brücke, und schon ist man in der Fußgängerzone.

Was uns auf den ersten Blick auffällt: Unterwegs sind fast nur türkisch- oder arabischstämmige Männer, und gefühlt gibt es an jeder Ecke ein Fitnessstudio. Es ist Sonntag, die Stadt wirkt wie ausgestorben, ein bisschen heruntergekommen und wenig einladend. Und doch scheint Harburg ein begehrtes Pflaster zu sein, denn bei Wikipedia kann man lesen, dass der Harburger Binnenhafen die einzige Lage südlich der Elbe auf Hamburger Staatsgebiet ist, in der die Kaufpreise pro Quadratmeter bei über 3000 Euro liegen.

Früher war Harburg eine eigenständige Stadt, heute ist es ein Stadtteil von Hamburg. Ein Hafenbecken im Harburger Binnenhafen wurde durch eine Schleuse von der Süderelbe abgetrennt. Dort entstanden seit Mitte der 1980er Jahre moderne Bürohäuser, die man zum Teil auch hinter alten Speicher- und Fabrikfassaden errichtet hat. Der größte Teil der Altstadt ist den Bomben des letzten Krieges zum Opfer gefallen. Es gäbe noch ein Schloss, eine Klappbrücke, einen historischen Kran und alte Speicher zu besichtigen, aber in den paar Stunden, die wir hier sind, kommen wir über einen Rundgang durch das nur kleine verbliebene Altstadtgebiet nicht hinaus. Im Altstadtzentrum ist es recht hübsch, doch schon ein paar Ecken weiter sieht man wieder schöne alte Fachwerkhäuser verfallen.

Zurück in die Fußgängerzone. Wir entdecken das arabische Restaurant 'Alt Damaskus', dort essen wir, und es schmeckt uns sehr gut.

Von Harburg bis Lüneburg (Niedersachsen)

Etappe 12 – 81 km

Anfangs fahren wir noch den Elbe-Radweg. Er führt oft an Straßen oder hinter dem Deich entlang. Will man die Elbe sehen, muss man stoppen und auf den Deich gehen. In der Nähe von Winden wechseln wir eher zufällig auf den Ilmenau-Radweg. Die Ilmenau ist ein kleiner Fluss, der Weg am Ufer angenehmer. Später begreifen wir, dass wir auch auf dem Ilmenau-Radweg nach Lüneburg gekommen wären, und vermutlich wäre dieser Radweg sogar schöner gewesen. Sollten Sie unsere Tour nachfahren, ziehen Sie diese Möglichkeit deshalb mit in Betracht! Wir allerdings fahren über einen Umweg auf den Elberadweg zurück und gelangen auf dem Alten Salzweg nach Lüneburg.

Es geht auf Mittag zu. Wir möchten unsere Brotzeit essen, finden aber keine Bank. Immer wieder fahren wir durch dichte Mückenschwärme. Als wir endliche eine Pausen-Hütte für Radfahrer finden und dort parken wollen, werden wir von einem solchen Mückenschwarm regelrecht in die Flucht geschlagen. Später forsche ich nach, was das für Mücken waren, und finde einen Bericht der

Online-Zeitung LZ. Darin heißt es, dass es sich bei einem solchen 'Massenschlupf von Zuckmücken' um ein seltenes Naturphänomen handelt, das nur alle paar Jahrzehnte auftritt und nach einigen Tagen wieder vorbei ist. Diese Zuckmücken mögen für uns Menschen lästig sein, haben jedoch eine wichtige Rolle im ökologischen System, denn ihre Larven sind die wichtigste Nahrungsgrundlage für viele Fischarten und räuberische Wasserinsekten.

Ein paar Kilometer weiter finden wir schließlich eine Bank ohne Mückenschwarm und essen unser Brot.

Kurz nach Artlenburg verlassen wir den Elbe-radweg endgültig und wechseln auf den 'Alten Salzweg', um nach Lüneburg zu kommen. Wir überqueren den Elbe-Seitenkanal, kommen zu einer Flurbereinigungs-straße, fahren durch einen Wald auf schwierigen Wegen. Dann geht es am Kanal entlang bis wir zum Schiffshebewerk Scharnebeck kommen.

Der Elbe-Seitenkanal ist 115 km lang und verbindet die Elbe bei Artlenburg mit dem Mittellandkanal bei Edesbüttel, das liegt westlich von Wolfsburg. Das Hebewerk gehört zur nördlichen der beiden Kanalstufen und wurde 1974 als damals weltgrößtes gebaut. Frachtschiffen können durch dieses Hebewerk eine Höhe von 38 Metern überwinden.

Weiter geht es am Kanal entlang – immer geradeaus, schnell zu fahren, ein wenig langweilig. Was sehr hinderlich und auch nicht ungefährlich ist, sind die vielen Zapfen, die im Herbst und Winter von den Bäumen gefallen sind und nun am Boden liegen.

Plötzlich endet der Weg am Kanal. Haben wir die Abfahrt nach Lüneburg übersehen? Oder muss man so fahren? Also runter auf die Straße und erstmal in Richtung zurück. Wir kommen an Uvex vorbei, hier ist Renés neuer Helm entstanden. Kurz nach Uvex fahren Radler über einen schmalen Pfad zwischen Büschen vom Damm auf die Straße herunter. Sollte das die Abfahrt sein, die wir übersehen haben?

Leider ist der Weg nach Lüneburg hinein nicht ausgeschildert, und wir sind nicht die einzigen

Radfahrer, die mit Smartphone in der Hand nach dem richtigen Weg suchen. Wir fahren auf einer Zubringerstraße mit viel Autoverkehr weiter, so erreichen wir das Stadtrandgebiet und nach weiteren sechs Kilometern das Hotel Seminaris, in dem wir gebucht haben. Es ist modern und attraktiv, und es liegt sehr praktisch am Rand der Altstadt.

Nachdem wir uns eingerichtet haben, ziehen wir los auf eine Sightseeingtour. Lüneburg liegt an der Ilmenau, am Rande der Lüneburger Heide. Bereits die Neandertaler haben in der Lüneburger Gegend gelebt, andere Volksstämme folgten. Die erste urkundliche Erwähnung Lüneburgs stammt aus dem Jahr 956, darin wird u.a. von einer Saline berichtet. Trotz dieser Saline war Lüneburg damals der nur wenige Kilometer nördlich gelegenen Stadt Bardowick untergeordnet. Heute ist Bardowick ein kleiner Flecken, er zählt gerade mal 7000 Einwohner, doch damals war der Ort ein bedeutender Handelsplatz. Erst als sich die Bardowicker Ende des 12. Jahrhunderts weigerten, sich Heinrich dem Löwen unterzuordnen, wurde ihre Stadt durch ihn zerstört. Nun konnte sich Lüneburg dank der Saline zum zentralen Handelsplatz und später auch zur Hansestadt entwickeln.

Das Lüneburger Salz wurde anfangs auf dem Landweg über die Alte Salzstraße nach Lübeck befördert, auf der wir heute noch geradelt sind. Mit Eröffnung des Stecknitzkanals anno 1398 wurde der Salztransport auf den Wasserweg verlagert - im 15. Jahrhundert über 3.000 Schiffsladungen mit mehr als 30.000 Tonnen pro Jahr! Gebraucht hat man das Salz in Lübeck, um die Heringe zu konservieren, die in der Ostsee und vor Norwegen gefangen und dann eingepökelt ins Binnenland weiterverkauft wurden. So entwickelte sich Lüneburg dank seiner Saline bald schon zu einer der reichsten Städte der Hanse.

Ein weiterer Umstand verhalf der Stadt zu ihrem Reichtum: Im Jahr 1392 wurde ihr das Stapelrecht verliehen. Damit waren reisende Kaufleute gezwungen, in Lüneburg anzuhalten und ihre Waren dort zu 'stapeln', also zum Verkauf anzubieten. Mit dem Niedergang der Hanse und dem Ausbleiben der Heringe (um 1560) vor den dänischen und norwegischen Küsten brach der Salzhandel jedoch ein, und Lüneburg verarmte zusehends. Auch kam im 18. Jahrhundert das preiswertere französischen Salz von der Atlantikküste auf den Markt.

Der Dreißigjährige Krieg, drei Pestepidemien und später die napoleonischen Kriege setzten der Stadt ebenfalls zu, dafür kam sie im zweiten Weltkrieg mit einem Zerstörungsgrad von nur 2,6 % glimpflich davon. Ein Verfall der Bausubstanz nach Ende des Zweiten Weltkriegs blieb trotzdem nicht aus und führte zur ernsthaften Überlegung, die gesamte Altstadt abzureißen und durch moderne Bauten zu ersetzen. Das konnten Bürgerproteste aber verhindern. Gegen Widerstände aus Politik und Verwaltung setzte sich der 'Arbeitskreis Lüneburger Altstadt' für die Erhaltung historischer Bausubstanz ein. Heute sind 1300 Backsteinhäuser der Lüneburger Altstadt denkmalgeschützt.

Ein Beispiel norddeutscher Backsteinarchitektur ist u.a. 'Der Schütting', ein Gebäude 'Am Sande', einem mittelalterlichen Platz mitten in der Altstadt. Man erkennt es leicht an seiner außergewöhnlichen Farbgebung in schwarz-weiß. Bis 1898 war es ein Brauhaus, in dem Gäste der Stadt bewirtet wurden, Kaufleute und Handwerksorganisationen ihre Versammlungen abhielten. Heute befindet sich die Industrie- und Handelskammer Lüneburg-Wolfsburg darin.

Der Schütting, ein Gebäude 'Am Sande'

Das Einhorn - Christus-Allegorien und Symbol für
Schottland und König Georg V.

Von Lüneburg - Bad Bodenteich (Niedersachsen)

Etappe 13 – 75 km

Ab Lüneburg fahren wir nach Komoot. Das Programm führt uns durch die Stadt, danach wieder ein Stück auf den Ilmenau-Radweg, der hier durch einen wunderschönen romantischen Wald führt. Weiter neben Straßen her und durch Ortschaften. Jetzt wird die Landschaft schon hügeliger, immer mal wieder geht es bergauf. Dabei vermissen wir die Heidelandschaft, auf die wir uns gefreut haben. Heide, Birken, Hütten und Heidschnucken – was man eben so von Fotos kennt! Aber davon ist bisher nichts zu sehen. Doch dann entdecken wir im Vorbeifahren links eine Abzweigung, hinter der es irgendwie heidemäßig wirkt, und fahren ein paar Meter vom Weg ab. Und da ist sie, die Heide! Wenn auch ohne Hütten und Schafe und leider auch nicht blühend, weil sie halt im Frühjahr nicht blüht.

Da es ohnehin Zeit für die Mittagspause ist und dort sogar Bänke stehen, halten wir an und essen was. Es handelt sich um die 'Klein Bünstorfer Heide', wie wir einer Infotafel entnehmen können, und ganz nebenbei lernen wir dank der Infotafel auch noch etwas über den Hausbau der Urgeschichte, denn hier hat man ein prähistorisches Dorf ausgegraben. Man fand vor Ort auch einen der größten urgeschichtlichen Bestattungsplätze in der Lüneburger Heide, auf dem 59 Hügelgräber zu erkennen sind - von denen wir allerdings nichts entdecken können. Da müsste man wohl noch weiter in die Heide hineinfahren – doch auf Sandwegen mit unserem schweren Gepäck ist uns das zu anstrengend.

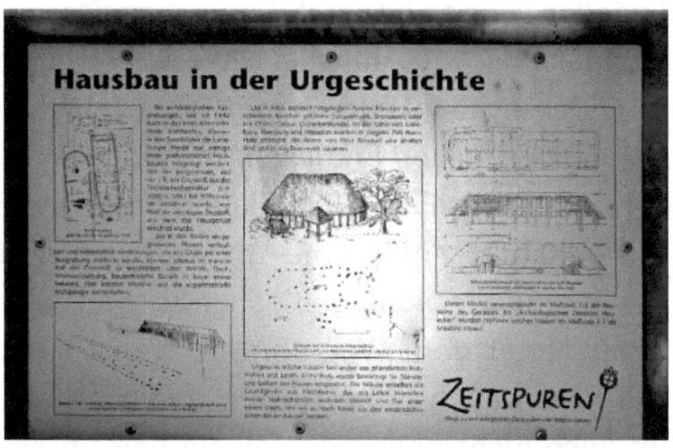

Was wir aber sehr wohl von hier aus entdecken können ist ein großer Findling unweit des Rastplatzes. Davon gibt es in der Lüneburger Heide viele. So große, aber auch kleinere Steine, die von den Bauern aus ihren Feldern geklaubt werden müssen. Sie wurden mit den Eismassen der Eiszeit aus dem Norden hierhertransportiert.

Eine Sage erzählt allerdings etwas anderes. Da heißt es, dass in der Lüneburger Heide vor vielen hundert Jahren drei Riesen hausten, so groß, dass sie Bäume als Zahnstocher benutzten. Sie waren launisch und trieben mit den Menschen ihre Spielchen. Vor allem wenn sie hungrig wurden, ging es den Metzgern, Bäckern und Müllern schlecht. Die Riesen hielten die Mühlenflügel an, bis der Müller sein Mehl herausgab, oder sie tranken so viel Wasser aus dem Fluss, dass die Mühlräder keinen Antrieb mehr hatten. Bei den Bäckern bliesen sie mit vollen Wangen durchs Fenster in die Backstube, damit das ganze Mehl in der Luft zerstäubte. Erst wenn die Bäcker ihnen Brot gegeben hatten, zogen sie wieder ab.

Die Tiere jedoch mochten sie. Sahen Sie ein Pferd, das sich vor einem schweren Karren abmühte, um ihn über die Sandwege zu ziehen, schnappten sie es sich samt der Last und trugen es bis auf festen Grund. Aber irgendwann wurden den Riesen ihre Streiche langweilig und sie überlegten, ob sie nicht ein sinnvolleres Werk tun konnten, als Menschen zu ärgern. Beim nächsten Blick auf ein armes Zugpferd hatten sie die Idee: Wir bauen eine feine Steinstraße durch die Lüneburger Heide, dann haben die Pferde ein leichteres Leben. Jedoch fehlte es an Material, denn für eine Straße braucht man Steine. Die Riesen wanderten nach Norden und als sie dort genug Steine gefunden hatten, schichteten sie sie fein säuberlich in der Heide auf.

In der Zwischenzeit hatte aber ein fleißiger Heide-Imker seine Bienenstöcke dort platziert, und die wurde nun von den Riesen mit Steinen bedeckt. Da wurden die Bienen wütend und zerstachen die Riesen. Schreiend schlugen sie nach ihnen, doch dadurch wurden die Tiere immer noch wütender und holten Verstärkung. Zu Tausenden machten sie sich über die Riesen her, die keinen anderen Ausweg mehr sahen, als mit den Steinen nach den Bienen zu werfen. Tief rammten sie sich beim Aufprall in die Heide, wo man sie bis heute finden kann. Doch alles Steinewerfen half nichts, und schließlich nahmen die Riesen Reißaus. Sie wurden nie wieder in der Heide gesehen.

Wir packen ein und machen uns wieder auf den Weg. Kurz vor Klein Bünstorf fahren wir auf einer schmalen Brücke über die

Ilmenau. Ein Storch spaziert am Flussufer, wunderschöne Fachwerkhöfe, Pferde auf der Weide – die perfekte Idylle! Später überqueren wir mehrmals den Elbeseitenkanal, zweimal fahren wir auch unten durch, und bald geht es am Elbeseitenkanal auf dem gleichnamigen Radweg weiter.

In Uelzen trinken wir Eiskaffee, nehmen uns aber nicht die Zeit, den Ort anzusehen. In der Fußgängerzone müssten wir schieben, das ist mit dem schweren Gepäck keine Freude.

Unsere Tagestour endet in Bad Bodenteich, dort haben wir im Braunschweiger Hof gebucht.

Bad Bodenteich ist ein Flecken in der Lüneburger Heide und gehört zum Landkreis Uelzen. Den Zusatz 'Bad' erhielt der Ort 1985 als staatlich anerkannter Luftkurort, der er von 1973 bis 2010 war. Heute ist er Kneippkurort und verfügt über eine psychosomatische Reha- und Akutklinik mit Schwerpunkt Essstörungen.

Als wir ein Gasthaus suchen, um essen zu gehen, fällt uns ein Brömmelweg auf. René ist Niederländer. Er heißt Prummel, was im Niederländischen (und auch im Plattdeutschen) jedoch Prömmel bzw. Brömmel gesprochen wird. Deshalb interessiert uns dieser Weg natürlich. Im Gasthaus ‚Zum Alten Ritter' fragen wir, was das mit dem Brömmelweg auf sich hat. Die Bedienung weiß es nicht, erklärt uns nur, dass der Wirt auch einen Brömmelwein keltert, und dass man den hier trinken kann. Doch einer von drei Einheimischen, die im Gastgarten sitzen, weiß alles darüber! Ein Mann namens Brömmel, erzählt er, war der letzte Braumeister der Burg Bodenteich. Vor etwa 300 Jahren hat er gelebt und als Braumeister vierzig Jahre lang auf der Burg gedient. Mit dem Verkauf seines ausgezeichneten Bieres wurde vom Burgherren mehr eingenommen als durch Ernten oder sonstiges. Und diesem Braumeister zu Ehren hat man der kleine Weg Brömmelweg genannt.

Inzwischen habe ich ein bisschen Namenskunde betrieben und zu Brömmel und dem Wortverwandten Prummel verschiedene Bedeutungen gefunden. Einerseits bezeichnet Brömmel/Prummel Fruchtwurzler wie Beere oder Berberitze. Das würde zum Wein passen. Aber auch kleiner, dicker Mann, Zuchtochse oder Brummochse (vergleiche prummeln) entdeckte ich in einem alten Buch. Dann las ich wieder: Prömmel wie Brömmel meint den Prommer, Brommer, den brummigen Menschen - da haben sie den brummigen Menschen also vom brummenden Ochsen abgeleitet. Der allererste namensgebende Vorfahre von René war offenbar ein ziemlich missmutiger Mensch ...

Klar, dass wir uns gleich noch die Burg Bodenteich ansehen, Brömmels einstige Wirkungsstätte. Es handelt sich um eine ehemalige Wasserburg. Sie wurde um 1250 von einem Ritter namens Theoderico de Bodendiche als Sitz derer von Badendieck oder Bodendike auf einem künstlich aufgeschütteten Hügel am Rande eines Sees und Moorgebietes errichtet, das es heute allerdings nicht mehr gibt, weil man es im 18. Jahrhundert trockenlegte. Es scheint allerdings so, dass sich die Ritter von Bodendiche nicht immer an Gesetz und Ordnung hielten, denn Ludolf von Bodenteich machte sich einen Namen als Raubritter und wurde anno 1474 in Lüneburg geköpft.

Anfang des 16. Jahrhunderts, während der Hildesheimer Stiftsfehde, wurde die Brug zerstört und um 1520 so wiederaufgebaut, wie wir sie heute sehen können. Im 19. Jahrhundert war sie Sitz des Amtes Bodenteich, ab 1871 befand sie sich bis 1971 in privaten Händen. Danach ging sie wieder in Besitz der Gemeinde über, die sie unter Denkmalschutz stellte und renoviert. Nun dient die kleine Burg als Ort für Veranstaltungen verschiedenster Art.

Die ursprüngliche Anlage bestand aus einer Vor- und einer Hauptburg und war der Überlieferung nach von doppelten Gräben und Wällen umgeben. Im Bereich der Vorburg befanden sich seit der Neuzeit verschiedene Wirtschaftsgebäude, darunter eine Kornscheune sowie Ställe für Nutztiere und ein Gefangenenhaus.

Bei Ausgrabungen wurden auf dem Burghügel Keramikreste aus dem 9. bis 10. Jahrhundert entdeckt. Dabei stieß man auch auf die Reste eines steinernen Turms, der der Entstehungszeit der Burg im 13. Jahrhundert zugerechnet wird. Er hatte einen Durchmesser von acht Metern, seine zwei Meter starken Wände bestanden aus Feldsteinen. Neben dem einstigen Turm entstand später das Herrenhaus, ursprünglich vermutlich in gotischem Stil erbaut.

Eingang zur Burganlage

Der heutige Burgfried aus dem 14. Jahrhundert mit einer Mauerstärke von 3,5 Metern befindet sich in der Hauptburg. Seine ursprüngliche Höhe wird auf 30 Meter geschätzt. Man nimmt an, dass sich im unteren Raum des Turmes das Amtsgefängnis befand. Die drei darüber liegenden Geschosse dienten vermutlich als Kornspeicher. Nach einem großen Stadtbrand in Bodenteich im Jahr 1808 wurde der Turm zur Gewinnung von Baumaterial größtenteils abgetragen, deshalb misst er heute nur noch 8,5 Meter in der Höhe und sieht tatsächlich etwas 'g'stumpfert' aus.

Von Bad Bodenteich - Gifhorn (Niedersachsen)

Etappe 14 – 76 km

Der heutige Weg führt uns ein Stück zurück und dann in ein weitflächiges Heide- und Waldgebiet.

Dieser Streckenabschnitt ist sehr schön, aber schwer zu fahren! Sand, tiefe Löcher, Zapfen – das erfordert Geschick und höchste Konzentration, zumal wir schweres Gepäck bei uns haben. Manchmal muss man auch schieben. Abgesehen von den Vögeln, die munter ihr Lied singen, ist es sehr still, denn außer uns und einigen Hasen und Rehe, die uns über den Weg laufen, ist niemand unterwegs.

Als wir das Heidegebiet hinter uns gelassen haben, fahren wir häufig auf Straßen, und es wird jetzt definitiv bergiger. Schließlich kommen wir zur Bokeler Heide, wo wir stoppen und bedauern, dass es nicht Spätsommer ist. Wie schön muss es hier sein, wenn die Heide blüht!

Unseren Espresso trinken wir im Garten des 'Otter Zentrum', an einem kleinen malerischen See gelegen. Beim Weiterfahren fallen uns am Wegesrand immer wieder wunderschön blau-violett-blühende Felder auf. Es scheinen Disteln zu sein, die da wachsen – wozu ist das gut? Ich finde heraus, dass es sich um 'Büschelschön' handelt, botanisch Phacelia, ein Wasserblattgewächs, das Landwirte im April oder Mai zur Begrünung ihrer Stilllegungsflächen aussähen. Phacelia ist für Insekten und besonders für Bienen eine wertvolle

Nahrungsquelle, deshalb wird sie auch Bienenfreund und Bienenweide genannt. Auch für den Landwirt birgt Phacelia Vorteile, denn sie sorgt für eine sehr rasche und intensive Bodenbedeckung und verhindert so eine Verunkrautung der stillgelegten Felder.

Mehrmals gibt es Baustellen, an denen wir falsch fahren, weil nur für Autos Umleitungen ausgeschildert werden, nicht aber für uns Radfahrer. René muss wieder das Smartphone befragen, außerdem fängt es zu regnen an. Zum Glück haben wir nicht mehr weit bis Gifhorn. Doch so plötzlich der Regen kam, so schnell hört er auch wieder auf. Als wir in einem Dorf einen alten Gasthof neben einer Eiche sehen, die 1737 gepflanzt wurde (erzählt uns die Wirtin später), kehren wir auf ein Radler bzw. Alster ein. René nützt die Pause, um eine örtliche Internet-Zeitung 'durchzublättern' – mal schauen, was Gifhorn zu bieten hat – und lacht plötzlich lauthals los. Da steht in einem Bericht der Gifhorner Rundschau: „Endlich fliegen wieder Beine und Arme im Tanzhaus Gifhorn!" Schade, dass wir so wenig Zeit haben, sonst wäre er glatt mit mir da hin gegangen, weil er doch gerne einmal Arme und Beine fliegen sehen will.

Auf den letzten Kilometern geht es durch einen 'Königlichen Wald' der tatsächlich königlich wirkt. Große, alte, gepflegte Bäume, breite Wege – dass hier Könige einst jagten kann man sich sehr gut vorstellen!

In einem Bächlein am Wegesrand gönnt sich Jack ein kurzes Bad. So abgekühlt hat er Lust zu laufen und rennt wie ein junger Spund. Ich kann kaum noch mithalten - 21,5 Stundenkilometer Höchstleistung, und das mit 15 Jahren. Bravo Jack!

Wir checken im Moradahotel Isetal ein. Im Hotel ist Jack dann so müde, dass er sofort in sein Bett fällt, selig pennt und gar nicht mehr mitbekommt, dass wir losziehen, um uns Gifhorn anzusehen.

Am Hotelparkplatz überqueren wir die Straße und kommen auf einen Waldweg, der uns an das Flüsschen Ise und zum Schlosssee führt. Dabei staunen wir nicht schlecht, als plötzlich goldene Kuppeln einer russischen Kirche zwischen den Baumwipfeln aufleuchten! Also biegen wir rechts vom See auf einen Holzsteg ab und kommen so zum Mühlen-Freilichtmuseum und dem Glockenpalast hinauf. Was es damit auf sich hat später. Zuerst ein paar Infos über den Ort.

Gifhorn ist eine Mittelstadt, die zwischen Hannover, Braunschweig und Wolfsburg liegt. Eine Siedlung bestand hier, im Mündungswinkel von Aller und Ise, nachweislich bereits im 9. Jahrhundert. Dank der exponierten Lage am Schnittpunkt zweier bedeutender mittelalterlicher Handelswege - die südliche Verlängerung der Alten Salzstraße von Lüneburg nach Braunschweig und die Kornstraße von Magdeburg nach Celle – konnte sich der Ort im Mittelalter zu einem bedeutsamen Knotenpunkt entwickeln, der Bauern, Handwerker und Kaufleute anzog. Es wurde eine Haltestation für Postkutschen eingerichtet, Gaststätten und Stallungen für die Fuhrleute entstanden. 1275 bekam Gifhorn das Marktrecht verliehen und knapp hundert Jahre später auch das Weichbildrecht, das einem Stadtrecht gleichkam.

Immer wieder setzten Gifhorn verheerende Kriege und Großbrände zu. Ganz besonders die Hildesheimer Stiftsfehde (1519 bis 1523), bei der auch andere Orte in dieser Gegend fast vollständig vernichtet wurden. Beim Wiederaufbau von Gifhorn entstand eine neue und wehrhafte Schlossanlage im Stil der Weserrenaissance, die an den vier Ecken über Bastionen verfügte und von Festungswällen umgeben war. Die Kapelle im

Gifhorner Schloss, eingeweiht anno 1547, ist der älteste protestantische Sakralbau Norddeutschlands.

Herzog Franz hatte das kleine Herzogtum Gifhorn als Abfindung für seinen Regierungsverzicht im Fürstentum Lüneburg erhalten. Unter ihm war Gifhorn von 1539 bis 1549 Residenzstadt. Doch da er ohne männliche Nachkommen verstarb, fiel das Herzogtum nach nur zehn Jahren wieder an das Fürstentum Lüneburg in Celle zurück. Das Schloss diente nun nur noch als Jagdresidenz für Fürsten und Herzögen der Umgebung oder als Wohnung für einen Amtmann. Die oben erwähnten Befestigungsanlagen des Schlosses wurden Ende des 18. Jahrhunderts beseitigt, da sie den wehrtechnischen Anforderungen nicht mehr genügten.

Auch der Dreißigjährige und der Siebenjährig Krieg und die Napoleonischen Feldzüge fügten Gifhorn große Schäden zu, denn die alten Handelswege wurden zu Heerstraßen, über die plündernde Truppen zogen. Brände im 17., 18. und 19. Jahrhundert führten dazu, dass viele der Fachwerkhäuser abbrannten und später nicht wiederaufgebaut wurden, was eine bauliche Auflockerung des Stadtbildes und Erweiterung des Stadtgebietes zur Folge hatte.

Nach der deutschen Wiedervereinigung und den politischen Umbrüchen in den damaligen Ostblockstaaten zogen in den 1990er Jahren viele Russlanddeutsche in die Stadt. Etwa jeder zehnte Gifhorner hat seine Wurzeln in der ehemaligen Sowjetunion. Ich vermute mal, dass so auch die Verbindung der Gifhorner zu Russland zustande kam, der die Stadt einen altrussischen Klosternachbau und eine russisch-orthodoxe Holzkirche zu verdanken hat.

Der Glocken-Palast

1996 legte der einstige Präsident der Sowjetunion, Michail Gorbatschow, gemeinsam mit seiner Frau Raissa den Grundstein für den Glocken-

Palast in Gifhorn, der im Stil eines altrussischen Klosters erbaut wurde. Er beherbergt das Europäische Kunsthandwerker-Institut, die Glockengießerei und die Ausstellungs- und Versammlungsräume, die dem Friedensnobelpreisträger Albert Schweitzer gewidmet sind. Den Namen Glocken-Palast verdankt das Gebäude einer stilisierten Nachbildung der russischen Zarenglocke aus dem Moskauer Kreml, der größten Glocke der Welt. Auf ihr steht eine Holzfigur des Heiligen Joseph, dem Schutzpatron der Handwerker und Künstler.

Freiheitsglocke

Das Denkmal der Europäischen Freiheitsglocke befindet sich in gerader Flucht etwa 200 Meter vor dem Glockenpalast. Die Bronzeglocke selbst wiegt zehn Tonnen, das gesamte Denkmal ist rund 16 Meter hoch. Es wurde am 19. September 1996 nach 15jähriger Bauphase eingeweiht und soll an die Teilung Deutschlands und Europas und den friedlichen Fall des Eisernen Vorhangs erinnern.

Warum wurde als Standort für dieses Denkmal ausgerechnet Gifhorn ausgewählt, mag man sich fragen. Zu DDR-Zeiten befand sich Gifhorn nahe der Grenze. Heute liegt die Stadt auf der Ost-West-Tangente mitten in Deutschland und auf der Nord-

Süd-Tangente mitten in Europa. Somit hat der Ort eine starke symbolische Aussagekraft und ist für dieses Denkmal prädestiniert.

Auf der Glocke sind die Portraits von Michail Gorbatschow, George Bush sen., Helmut Kohl und Gyula Horn (ungarischer Politiker, zu Zeiten des Mauerfalls Außenminister seines Landes) abgebildet, die wesentlich zur Überwindung der Grenzen und zur Einigung Deutschlands und Europas beigetragen haben.

Das Internationale Mühlenmuseum

Insgesamt vierzehn Mühlen kann man hier besichtigen. Darunter neben Mühlen aus der Region eine Nachbildung der berühmten Potsdamer Mühle von Sanssouci aus der Zeit Friedrichs des Großen, Mühlen aus Griechenland und Portugal, eine mehr als 150 Jahre alte Kellerholländermühle, Wasser-, Schiffs-, und Rossmühlen. Dazu kommt eine große Ausstellungshalle mit maßstabsgetreuen Mühlenmodellen aus aller Welt. Hier kann man alles über die Geschichte und historische Entwicklung der Mühlen und der Müllerei erfahren.

Eine russisch-orthodoxe Holzkirche des Heiligen Nikolaus, mit acht zum Teil vergoldeten Kuppeln, steht ebenfalls auf dem Gelände des Mühlenmuseums. Sie ist ausgeschmückt mit zahlreichen wertvollen Ikonen, die man besichtigen kann.

Den Nachbau einer schottischen Mühle findet man außerhalb des Freilichtmuseums an der Ecke Lüneburger Straße und Konrad-Adenauer-Straße. Sie wird von der Stadt Gifhorn für Trauungen genutzt und deshalb auch die weiße 'Hochzeitsmühle' genannt. Ihre Flügel drehen sich nur, wenn sich ein Paar das Ja-Wort gibt. Die Original-Mühle steht in Dumfries, der schottischen Partnerstadt Gifhorns.

In der Stadt selbst findet man Fachwerkhäuser. Besonders beeindruckend ist das Alte Rathaus aus dem Jahr 1562 mit seinen weißen Kassetten zwischen ochsenblutroten Holzbalken und der Holzschnitzornamentik, die traditionelle Handwerkszünfte darstellt.

Wenn man möchte, kann man einem Stadtrundgang folgen. Man geht einfach den Pflastersteinen mit Fingereindrücken nach, die den Weg markieren. An jedem Ort, an dem es etwas zu entdecken gibt, ist eine große, eindrucksvolle Platte installiert.

Gifhorn bis Braunschweig(Niedersachsen)

Etappe 15 – 50 km

Es regnet als wir unsere Räder bepacken. Trotzdem wollen wir los. Doch bevor wir abfahren gehe ich mit Jack zu einer kleinen grünen Insel mitten auf dem großen Hotelparkplatz. Dort steht eine Fichte, da kann er das Bein noch mal heben. Da rast plötzlich ein Hase unter dem Baum hervor und flieht dummerweise in eine Art Innenhof, aus dem er nur rauskommt, wenn er den Weg zurück einschlägt. Panisch jagt er von Mauer zu Mauer, bis er endlich kapiert, wie er seinem Gefängnis entrinnen kann. Ich habe Angst, dass er auf die Straße rennt, doch er schafft es in den angrenzenden Wald.

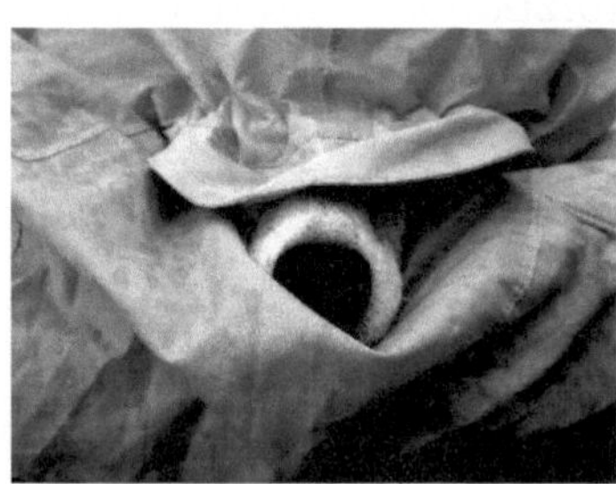

Wir fahren also bei Regen los. Jack hat sich bis auf die Nasenlöcher unter sein Regencape zurückgezogen, das wir ihm übergestülpt haben, und das auch den ganzen Hundekorb abdeckt. Darunter hat er es auf jeden Fall gemütlicher als wir. Vom Hotel biegen wir links auf die Straße ein und kommen zu einer Ampel an einer großen Kreuzung. Da geht es rechts ab. Wir fahren eine Weile auf einer stark befahrenen Straße, bis wir schließlich auf eine kleine Nebenstraße geleitet werden.

Das schlechte Wetter hält sich leider, und wir radeln was das Zeug herhält. Bereits kurz nach zwölf Uhr sind wir in Braunschweig, wo wir im Lessinghof eingecheckt haben. Leider habe ich schon bezahlt, bevor wir das Zimmer sehen, denn es ist eine Zumutung. Zwar liegt es recht praktisch im Hof, man muss nicht Treppen steigen und Gepäck raufschleppen, aber es ist eng und abgewohnt, der Fernsehapparat geht nicht, wir haben kein Netz, und auf der kleinen Terrasse stehen zwar Stühle und ein Tisch, aber die sind schmutzig. René ist sehr, sehr sauer und wirft mir vor, dass ich schon bezahlt habe, denn sonst wären wir da nicht geblieben. Allerdings haben wir uns noch nie das Zimmer vorher zeigen lassen, und bezahlt habe ich oft bereits beim Einchecken, damit wir morgens einfach losfahren können.

Auch funktioniert mein Fotoapparat wieder nicht mehr, trotz der Ladestation, die ich in Stade gekauft hatte. Diesmal zum Media Markt, dort werde ich im Geschäft endlich richtig beraten – der Akku ist kaputt! Ich kaufe also einen neuen, und siehe da, innerhalb von zehn Minuten ist er zu 70 % geladen, und der Fotoapparat funktioniert tadellos!

Wir gehen zu Fuß in die Altstadt, die eigentlich ganz schön ist, aber unsere Laune ist so wenig sonnig wie das Wetter. Es dauert einige Zeit, bis der Himmel aufklart – drinnen wie draußen. Wir kommen zur Burg und dem Dom, den wir uns auch von innen ansehen. Musiker proben für eine Aufführung, wir hören eine Weile zu. Dann sehen wir uns um. Heinrich der Löwe und seine zweite Gemahlin Mathilde von England liegen in einem Sarkophag begraben. Im Dom befindet sich außerdem das nach seinem Erschaffer benannte „Imervard-Kreuz", das zu den bedeutendsten romanischen Skulpturen auf deutschem Boden zählt. Bei der Holzskulptur handelt es sich um ein Viernagelkreuz aus der Mitte des 12. Jahrhunderts.

An dieser Stelle wieder einmal ein bisschen Geschichte: Die Oker durchfließt Braunschweig von Süd nach Nord. Der erste urkundliche Nachweis einer Siedlung an dieser Stelle stammt aus dem Jahr 1031. Geherrscht haben zu dieser Zeit die Brunonen. Doch aufgrund von Eheschließungen gingen Braunschweig und das gesamte Herzogtum Sachsen 1142 an Heinrich den Löwen, Herzog von Sachsen und Bayern. Er machte die Stadt zu seiner Residenz, ließ die Burg Dankwarderode erweitern, den Braunschweiger Dom errichten und auf dem Burgplatz vor dem Dom einen Löwen aus Bronze aufstellen. Seitdem ist der 'Braunschweiger Löwe' das Wahrzeichen und Wappentier der Stadt.

Unter Heinrichs Einfluss und dank der günstigen Lage an der Oker, die ab Braunschweig schiffbar war, entwickelte sich die Stadt schnell zu einer mächtigen Handelsstadt, die ab Mitte des 13. Jahrhunderts auch zur Hanse gehörte und nach Bildung des sogenannten 'Sächsischen Quartiers' die Hansestädte zwischen Weser und Elbe anführte.

Fortwährende Verfassungskonflikte, durch revolutionäre Bürgerunruhen ausgelöst, brachten Braunschweig den Ruf ein, zusammen mit Paris und Gent zu den unruhigsten Städten des spätmittelalterlichen und frühneuzeitlichen Europas zu gehören. Aufgrund dieser ständigen Auseinandersetzungen verlegten die Welfen ihre Residenz im 15. Jahrhundert in das nahe Wolfenbüttel. So erhielt Braunschweig 1432 seine städtische Unabhängigkeit. Doch 1671 eroberten Welfen-Fürsten die Stadt und stellte sie wieder unter die Herrschaft des Fürstentums Braunschweig-Wolfenbüttel. Ein Dreivierteljahr später verlegten sie auch den Residenzsitz zurück nach Braunschweig in ein neuerbautes Schloss. Damit läuteten sie den Niedergang Wolfenbüttels ein.

Nachdem Anfang des 19. Jahrhunderts die Stadt unter Napoleon zur Hauptstadt des neugestalteten Departements an der Oker geworden war, stellten 1813 Braunschweigische Truppen das alte Herzogtum für Herzog Friedrich Wilhelm wieder her. Der 1. Weltkrieg folgte, gegen dessen Ende es in Braunschweig zu einer wirtschaftlichen, sozialen und politischen Krise und der sogenannten Novemberrevolution kam. Unter Führung des Politikers August Merges erzwang der Arbeiter- und Soldatenrat am 8. November 1918 die endgültige Abdankung des letzten Herzogs, Ernst August von Braunschweig-Lüneburg. Der Rat übernahm die politische Führung und rief die 'Sozialistische Republik Braunschweig' aus. Doch es kehrte keine Ruhe ein. Weiteren Streiks folgten in den nächsten Jahren, die das öffentliche Leben zum Erliegen brachten, schließlich sogar zu bürgerkriegsähnlichen Zwischenfällen mit Verletzten und Toten führten.

Während des Zweiten Weltkrieges war Braunschweig Ziel zahlreicher alliierter Bombenangriffe, wobei fast die gesamte Innenstadt zerstört wurde und 3500 Menschen ihr Leben ließen. Durch das Bombardement sind in der ehemals größten Fachwerkstadt Deutschlands nur noch wenige alte Gebäude und Straßenzüge erhalten geblieben. Doch seit den 1990er Jahren gibt es verstärkte Bestrebungen, stadtgeschichtlich wichtige Gebäude wiederaufzubauen. Angefangen hat man mit der 'Alten Waage' und in Teilen mit dem Braunschweiger Schloss, dessen Fassade unter Einbeziehung erhaltener Originalteile rekonstruiert wurde. Dahinter befinden sich in einer modernen Stahl-Glas-Konstruktion die Schloss-Arkaden, ein großes Einkaufszentrum, und auf dessen Dach die größte Quadriga Europas, die von Brunonia, der Symbolgöttin des Braunschweiger Landes, gelenkt wird.

Unzerstörte, restaurierte oder wiederaufgebaute alte Gebäude findet man rund um die Aegidienkirche, die Magnikirche im gleichnamigen Viertel, die Martinikirche, die Michaeliskirche und den Dom (St. Blasii) mit Burgplatz. Am Burgplatzt vor Burg Dankwarderode befindet sich neben einigen sehenswerten Bürgerhäusern wie das Huneborstelsche Haus und das Veltheimsche Haus auch eine Nachbildung des Braunschweiger Löwen. Das Original, das Heinrich der Löwen an dieser Stelle einst platzieren ließ und zum Wahrzeichen der Stadt wurde, wird in der Burg aufbewahrt.

Hinter dem Dom liegen die Stiftsherrenhäuser aus dem 15. Jahrhundert. Weitere solcher 'Inseln' mit alten Gebäuden kann man am Altstadtmarkt und dem Kohlmarkt finden. An Till Eulenspiegel, der vermutlich nicht weit von Braunschweig geboren wurde, erinnert der Eulenspiegel-Brunnen. An selber Stelle soll sich der Überlieferung nach die Bäckerei befunden haben, in der Eulenspiegel den Bürgern Eulen und Meerkatzen buk.

Das knallbunte und ziemlich verrückte 'Happy Rizzi House' wurde 1999 am Rande des Magniviertels erbaut und entfachte kontroverse Diskussionen. Aber uns gefällt es!

Happy Rizzi House – oben Burg und Dom

Braunschweig bis Goslar (Niedersachsen)

Etappe 16 – 65 km

Bereits um 8 Uhr 20 sitzen wir im Sattel und müssen 20 Kilometer fahren, bis wir in Wolfenbüttel endlich eine Möglichkeit finden zu frühstücken. Der Weg bis dahin führt uns durch einen sehr schönen Park mit vielen Wildgänsen und alten Bäumen, später durch Wiesen, Weiden und Wälder. Als wir nach einer guten Stunde nach Wolfenbüttel kommen, entdecken wir als erstes zwischen einer Scheune und einem roten Haus ein Denkmal von Wilhelm Busch. Wir forschen nach und erfahren: Nachdem sein Bruder Gustav eine Wolfenbüttlerin geheiratet hatte, war er oft und gern Gast in der Stadt – und so kam es zu dieser Ehrenbezeugung.

Ein paarhundert Meter weiter passieren wir das eindrucksvolle Schloss der Welfen und finden endlich in der Altstadt einen Bäcker.

Wieder unterwegs verfahren wir uns in einem Dorf mehrmals, denn der ausschlaggebende Wegweiser ist hinter Hecken versteckt.

Endlich den richtigen Weg gefunden, radeln wir wie so oft teils auf oder neben einer Straße her, dann wieder auf Flurbereinigungsstraßen durch Wald und Feld.

In den Dörfern fal-len uns die seltsa-men Hauswand-Be-kleidungen auf - zur Wetterseite hin sind die Mauern mit Dachziegeln verse-hen! Wir denken, das ist etwas 'Neumodisches'. Doch dann sehen wir solche Verkleidungen eben-falls an alten, verfallenden Häusern. Und auch die Schießscheiben, die von den Schützenkönigen ge-wonnen wurden, werden stolz an der Hausfassade ausgestellt ...

Einige Kilometer vor Goslar erkennen wir am Ho-rizont den Harz. Schon zu Hause hatten wir be-schlossen, das Mittelgebirge so gut wie möglich zu umfahren. Das Bild der Berge, das wir jetzt vor Au-gen haben, bestätigt die Richtigkeit unserer Ent-scheidung.

In Goslar checken wir im Hotel Achtermann ein, das gleich am Rande der Altstadt und praktischerweise auch nahe unserer Route liegt. Abladen, duschen, ein bisschen verschnaufen, und ab zur Sightseeing-Tour.

Wir finden, Goslar ist die schönste der Städte, die wir auf unserer Tour bisher gesehen haben. Gepflegt, liebevoll restauriert, eine malerische, alte Fachwerk-Stadt mit hübschen Plätzen und kleinen, anheimelnden Gassen. Kirchen, imposante Bauwerke verschiedenster Epochen und dazwischen Objekte zeitgenössischer Künstler aus der ganzen Welt prägen das Stadtbild. Wen wundert es da, dass es die 'tausendjährige Kaiserstadt' 1992 auf die Liste des UNESCO-Weltkulturerbe schaffte.

Zur Geschichte der Stadt: Um 979 wurde der Bergbauort am Rande des Harz Sitz einer Pfalz. Von da an entwickelte er sich beständig weiter. 1290 erlangte Goslar die Reichsunmittelbarkeit und behielt sie bis 1802. Dass sie einst selbständigen Reichsstadt war, spiegelt sich auch im Stadtwappen wider, das einen schwarzen Reichsadler auf gelbem Grund zeigt.

Heinrich II. hielt 1009 die ersten Reichssynoden in Goslar ab, und 1025 legte Konrad II. den Grundstein zur Kaiserpfalz. Unter Heinrich III. entwickelte sich Goslar zum Zentrum des Reiches. Achtzehn Hoftage, während denen er sich oft mehrere Monate in seiner 'Lieblingspfalz' aufhielt, fanden in Goslar während seiner siebzehn Regierungsjahre statt.

Könige und Päpste waren hier zu Gast, Heinrich IV. wurde in Goslar geboren, das Herz Heinrichs III. in der Stiftskirche St. Simon und St. Judas beigesetzt. Auch während der Regierungszeit der nachfolgenden Kaiser blieb Goslar eine bevorzugte Pfalz. Doch mit Heinrich VI. nahm die Bedeutung Goslars als Pfalz langsam ab.

Auseinandersetzungen zwischen Friedrich I. und Heinrich dem Löwen folgten, der die Hütten und Gruben Goslars zerstören ließ. 1206 wurde die Stadt von Gunzelin von Wolfenbüttel, ein Gefolgsmann Ottos IV., erstürmt und geplündert, und Friedrich II. hielt schließlich den letzten Reichstag in Goslar ab. So endete Mitte des 13. Jahrhunderts Goslars Zeit als Königspfalz.

Der Rückzug der Kaiser läutete den Aufschwung zur städtischen Unabhängigkeit ein. Ab 1267 bis

1566 gehörte Goslar dem Städtebund der Hanse an. Spätestens aus dieser Zeit stammt auch die 'Alte Harzstraße'. Doch der hansische Handel spielte für Goslar nie eine große Rolle, denn die Stadt verdiente vor allem am regionalen Handel mit Kupfer, Silber und anderen Metallen, die am Rammelsberg abgebaut wurden. Auch Bier wurde exportiert, und ab dem 14. Jahrhundert kam der Schieferabbau dazu. Goslars Beitritt zur Hanse war also eher politisch begründet. Man wollte Einfluss nehmen können und sich den Schutz der Hanse sichern.

Im Erzbergwerk Rammelsberg, das südlich von Goslar liegt, wurden vor allem Buntmetalle abgebaut. Aus den Erzen wurde unter anderem Gold, Silber, Blei, Kupfer und Zink gewonnen. Doch auch Edelsteine wie Turmaline hat man gefunden. Goslarit, ein bis dahin unbekanntes Mineral, das man im Rammelsberg entdeckt hatte, wurde nach der Stadt benannt.

Das Bergwerk hat Goslar und die Herrscher des Mittelalters reich gemacht und zählt heute, wie die Stadt selbst, zum UNESCO-Weltkulturerbe. Es wurde 1988 stillgelegt, doch im dortigen Museum und Besucherbergwerk kann man alles über die

Tradition des Bergbaus in Goslar und im Harz erfahren.

2010 wurde zudem die Oberharzer Wasserwirtschaft ergänzend zum Rammelsberg und zur Altstadt Goslar in die Liste des Weltkulturerbes aufgenommen. Dabei handelt es sich um ein zur damaligen Zeit weltweit einzigartiges Teich- und Grabensystem zur Energiegewinnung durch Wasserkraft. Interessant ist auch zu wissen, dass im 14. Jahrhundert Goslar eine der ganz wenigen Städte war, die durch ein Holzröhrensystem alle Hausgrundstücke mit einem Wasserleitungsanschluss versahen, um sie mit fließend Wasser zu versorgen.

Trotz all des Reichtums hatten die vielen prunkvollen Feierlichkeiten der Kaiser sowie Misswirtschaft zur Verschuldung Goslars geführt, von der sich die Stadt nicht mehr erholen konnte. Zwei Brände, die in den Jahren 1728 und 1780 große Teile Goslars verwüsteten, hatten weiter dazu beigetragen. Nachdem Goethe 1777 die Stadt besucht hatte, schrieb er, sie sei eine 'Reichsstadt, die in und samt ihren Privilegien vermodert'. Auch Heinrich Heine, der im Rahmen seiner Harzreise 1824 nach Goslar kam, schrieb entsetzt: „Wir leben in einer bedeutungsschweren Zeit: Tausendjährige

Dome werden abgebrochen und Kaiserstühle in Rumpelkammern geworfen." Damit bezog er sich auf die Tatsache, dass der Dom auf Abbruch verkauft und 1820–1822 bis auf die Vorhalle abgetragen worden war. Und weiter: „Ich fand ein Nest mit meistens schmalen, labyrinthischen Straßen, [...] und ein Pflaster, so holprig wie Berliner Hexameter. [...] Das Rathaus zu Goslar ist eine weißangestrichene Wachtstube."

Den Zweiten Weltkrieg überstand Goslar ohne größere Zerstörung, und so konnte diese wunderschöne mittelalterliche Stadt restauriert und erhalten werden.

Ich steige auf den Nordturm (links ist der Eingang zu sehen) der zentralgelegenen ev. Marktkirche St. Cosmas und Damian. 232 Stufen führen bis nach oben. Auf jeder Stufe befindet sich ein Schild mit dem Namen von einem der vielen Spender, die zum Erhalt des Turmes beigetragen haben. Die Nummern auf den Schildern teilen einem zudem mit, wie viele Stufen man noch vor sich hat.

Auf verschiedenen Zwischenetagen kann man einen Blick auf das Weule Uhrwerk und die Glockenstube werfen. Ist man schließlich oben auf der Aussichtsplattform angekommen, braust einem der Wind ordentlich um die Ohren und fühlt man ein klein wenig auch das Schwanken des Turms – zum Glück, denn würde er nicht schwanken, wäre der Zusammenbruch sicher. Der mühsame Aufstieg hat sich gelohnt, denn die Aussicht ist beeindruckend! Unter einem befinden sich die Dächer der Stadt, der Marktplatz und andere Plätze, die sternförmigen Straßen und Gassen, die Kaiserpfalz und am Horizont die Berge des Harz.

Am Marktplatz, in dessen Mitte der Marktbrunnen steht, sieht man das weiße Rathaus, das rote ehemalige Gildehaus (heute Hotel) und das Kämmereigebäude mit dem Glockenspiel. Viermal täglich öffnen sich drei Türchen, und ein Figurenumlauf erzählt, untermalt vom Glockenspiel, die Geschichte des Rammelsberger Bergbaus, von der sagenhaften Entdeckung durch den Ritter Ramm bis zur Neuzeit.

Goslar von oben

Gemütliche Kneipen in der Altstadt

Von Goslar bis Northeim (Niedersachsen)

Etappe 17 – 60 km

Ab Goslar verlassen wir den Weser-Harz-Heide-Radweg und fahren auf Komoot weiter. Heute nach Northeim, morgen werden wir Hann. Münden erreichen.

Wieder führt uns die Strecke auf Radwegen neben Straßen her, manchmal auch auf Straßen. Dann geht es auf einer sehr alten und stark beschädigten Straße weiter, die für den Verkehr gesperrt ist und als Radweg ausgewiesen wurde. Man wird kräftig durchgerüttelt.

Links von uns der Harz. Dort sieht es sehr nach Gewitter aus. Gewitter wurde ja auch im Wetterbericht angesagt. Um schneller voranzukommen wählen wir eine Abkürzung mit Maps, kommen später wieder auf den eigentlichen Radweg und stoppen für die Mittagspause an einem Grillplatz mit Bänken und Tischen. Am Nebentisch sitzen zwei Paare. Eine der Frauen redet recht laut und so erfahren wir, dass sie aus Northeim kommt und Lehrerin ist. Ich muss lachen, als sie das Wort 'unentwegt' einfließen lässt. Erst tags zuvor habe ich es ebenfalls gebraucht und hat mein niederländischer Mann mich gefragt, was das bedeutet. Nachdem ich es erklärt hatte, befand ich, dass 'un-ent-wegt' ein etwas seltsames, aber doch sehr schönes Wort ist.

Tatsächlich schaffen wir es trocken zum Hotel zu kommen, sind aber schon um 13 Uhr dort und müssen bis 15 Uhr warten, bis wir unser Zimmer beziehen können. Leider liegt das 'Waldhotel Freigeist' oben auf einem recht steilen (!) Berg ganz abgeschieden im Wald, und das Hotel-Café hat nicht geöffnet. So sitzen wir frustriert am Teich und beschäftigen uns irgendwie.

Gegen 16 Uhr fahren wir frisch geduscht nach Nordheim hinein. Der Weg führt an einem Friedhof vorbei, der endlos lang erscheint und sehr schön ist. Alte, weitausladende Bäume, viel Platz für die Gräber, schöne Steinfiguren und bunte Blumen.

In der Stadt spazieren wir durch die Straßen. Northeim hat viele Fachwerkhäuser, ist eigenglich ganz hübsch, wirkt aber irgendwie kleinstädtisch. Das mag auch daran liegen, dass die meisten Geschäfte samstags um diese Zeit bereits geschlossen haben und die Stadt ausgestorben wirkt. Nur südländisch aussehende Männer sitzen auf Bänken oder vor Döner-Buden herum.

Wir haben uns gefragt, wovon die Leute hier leben. Aus dem Internet erfahren wir, dass es einige kunststoffverarbeitende Betriebe in Northeim gibt. Außerdem hat Northeim offenbar sehr viele Schulen und sogar das älteste Gymnasium Deutschlands. Jetzt erinnere ich mich wieder an die Lehrerin vom Grillplatz und nicke weise: Klar, dass die Nordheimer bei so vielen Schulen 'unentwegt' Lehrernachwuchs brauchen.

Unterwegs trifft man immer wieder Leute, die interessiert fragen 'woher und wohin'.

Northeim bis Hann. Münden (Niedersachsen)

Etappe 18 – 59 km

Weil übles Wetter angesagt ist, stehen wir sehr früh auf und fahren schon um 7 Uhr 45 ab. Wir erinnern uns nur zu gut an Braunschweig, als wir erst nach 20 Kilometern eine Bäckerei für ein Frühstück fanden. Deshalb trinken wir in Northeim an einer Tankstelle in aller Eile einen Espresso und essen ein pappiges, sehr süßes Teilchen. Doch kaum ein paarhundert Meter weiter sehen wir eine Bäckerei, die geöffnet hat, drei weitere folgen. Man steckt halt nicht drin ...

Das gilt auch fürs Wetter. Für den Notfall haben wir uns als Plan B ausgedacht, zuerst einmal zu versuchen, möglichst trocken nach Göttingen zu kommen. Sollte es tatsächlich so stark regnen, wie der Wetterbericht vorhergesagt hat, bleibe ich in Göttingen, René fährt mit dem Zug nach Hann. Münden und holt das Auto. Doch kein Tropfen fällt vom Himmel, jedenfalls nicht da, wo wir gerade fahren.

Der Weg führt uns zuerst auf oder neben der 'Deutschen Fachwerkstraße' her, dann über die 'Deutsche Alleenstraße', wobei die Alleen ziemlich lückenhaft sind. Bereits um 9 Uhr kommen wir in Göttingen an, wo wir uns auf einer Bank vorm Rathaus ein zweites Frühstück gönnen, quasi zur Wiedergutmachung für das erste, von dem wir nur mit langen Zähnen ein paar Bissen gegessen hatten. Vor uns hält ein anderer Radreisender, der allein unterwegs ist, um ein bisschen mit uns über unsere diversen Touren zu plaudern und Tipps zu geben.

Solche Bekanntschaften macht man auf Radreisen immer wieder. Ich erinnere mich an eine Begebenheit mitten in Frankreich, weitab von Ortschaften. Da haben wir uns in einem einsamen Wald verfahren. Der Weg wurde immer abenteuerlicher. Plötzlich stand ein junges chinesisches Paar aus Honkong vor uns, ebenfalls mit Rädern und schwerem Gepäck unterwegs. Die haben uns dann erklärt, dass wir besser umkehren sollten, denn der Weg endet im Morast. Noch ein Pläuschchen gehalten, sich alles Gute gewünscht, und weiter ging's. Noch heute denke ich oft an die beiden und frage mich, was sie wohl für ein Schicksal ereilt haben mag, als ein paar Monate später die Unruhen in Honkong ausbrachen.

Als der Mann weiterfährt, brechen auch wir auf. Bis Hann. Münden sind es noch 30 Kilometer. Wir fahren zügig, einmal tröpfelt es ein bisschen, aber ansonsten können wir der angesagten Regenfront entfliehen. Wir sind eben schneller als der Wind!

Nach Göttingen geht es ein Stück an der Leine entlang – ein kleiner, brauner Fluss. Wir wundern uns über diese Färbung. Ist das Wasser so schmutzig? Oder ist es extrem schlammig? Aus dem Internet erfahren wir: Wenn hohe Anteile von Kohlenstoff in Form organischer Ablagerungen in Böden von Gewässern gespeichert sind und sich der Kohlenstoff auflöst, färbt sich das Wasser braun. Dieser Vorgang scheint auf den Rückgang des sauren Regens zurückzuführen zu sein und ist, obwohl das braune Wasser verschmutzt aussieht, ein positives Zeichen.

Als wir die Leine verlassen, wird der Weg immer steiler. Wir müssen heftig in die Pedale treten! In Varnissen angelangt, haben wir das Schlimmste an Steigungen fast geschafft. Es geht nun in Berg- und Talfahrt immer mal rauf und mal runter. Ist man oben, hat man oft einen weiten Blick über das Weserbergland, und bald stößt man auch wieder auf den offiziellen Weser-Harz-Heide-Radweg.

Nur noch ein paar Kilometer bis Hann. Münden. Es ist schön, anzukommen und die Tour geschafft zu

Weser Bergland oben - unten
Alte Brücke u. Rathaus von Hann. Münden

haben – doch ein bisschen wehmütig sind wir auch, denn die Reise geht nun zu Ende. Als wir die Stadtgrenze von Hann. Münden erreichen und von oben auf den Zusammenfluss von Fulda und Werra hinunterblicken, erkennen wir auf dem Wohnmobil-Stellplatz Weserstein zwischen Bäumen unser knallrotes Auto! Da wird einem doch ganz warm ums Herz … ein schöner Empfang.

Auf der alten Werrabrücke haben wir zu Beginn unserer Tour die Stadt verlassen, und so fahren wir nun auch wieder hinein, müssen quer durch die Altstadt, um zum zu unserem Auto zu kommen. Als Jack den Wagen sieht, ist er ganz aufgeregt, und René und ich klatschen uns ab. Nach 1163 Kilometern sind wir angekommen, wo wir drei Wochen zuvor losfuhren. Und dank Tagebuch kann ich später errechnen: Wir haben durchschnittlich 66 km pro Tag zurückgelegt und für diese Reise mit Anfahrt und allem Drum und Dran 3000 Euro ausgegeben. Wer ohne Hund reist und auch mal ein günstigeres Hotel nehmen kann oder auf Campingplätzen übernachtet und sich mehr oder weniger selbst versorgt, kommt natürlich viel günstiger weg.

Kaum haben wir das Gepäck im Auto verstaut und die Räder auf dem Ständer befestigt, fällt der vorhergesagte Regen vom Himmel! Da hatten wir echt Glück! Also schnell ab ins Hotel - natürlich wieder in den Aegidienhof - uns dort eingerichtet und dann etwas trinken gehen.

Den Nachmittag nutzen wir, um uns Hann. Münden in Ruhe anzusehen. Auch hier entdecken wir Interessantes. Zum Beispiel, dass Dr. Eisenbarth in Hann. Münden starb. Er war ein fahrender Wundarzt und Starstecher, der landesweit so großen Ruhm erlangt hatte, dass er vom 'Soldatenkönig' Friedrich Wilhelm I. sogar zum Hofrat und Hof-Augenarzt ernannt wurde. Man kennt ihn auch heute noch aus einem Scherzlied, das mit der Strophe beginnt:

> Ich bin der Doktor Eisenbart,
> widewidewitt, bum, bum,
> kurier die Leut' auf meine Art,
> widewidewitt, bum, bum.
> Kann machen, dass die Blinden geh'n,
> widewidewitt, juchheirassa,
> und dass die Lahmen wieder seh'n,
> widewidewitt, bum, bum.

Ursprünglichen hatte das Lied zwölf Strophen, doch im Laufe der Zeit wurden unzählige weitere hinzugedichtet.

Als Eisenbart Anfang November 1727 in Begleitung seines Sohnes nach Hann. Münden kam, wo
sie sich im Gasthof 'Zum wilden Mann' einmiete-
ten, um dort zu logieren und Patienten zu empfan-
gen, ging es ihm bereits sehr schlecht. Er litt an
Gicht und hatte etwa ein Jahr zuvor einen Schlaganfall erlitten. Am 6. November traf ihn hier in
Hann. Münden ein zweiter Schlaganfall, und fünf
Tage später starb er im Gasthof. Am 13. November
wurde er im Chor der Aegidienkirche (sie befindet
sich gegenüber dem Hotel Aegidienhof) beigesetzt. Etwa 100 Jahre nach seinem Tod belegte
man sein Grab neu und stellte seinen Grabstein an
der Nordseite der Kirche ab, wo er noch besichtigt
werden kann. Außerdem gibt es am Rathaus ein

Glockenspiel, dort sieht man Dr. Eisenbart drei-
mal am Tag (12 Uhr, 15 Uhr und 17 Uhr) mit seiner Patientenschar aus einem Fenster unterm
First erscheinen.

Erst seit dem 1. Januar 1991 führt die Stadt die Be-
zeichnung Hann. Münden, zuvor hieß sie einfach
nur Münden. Hann. Münden führt zudem den Beinamen 'Drei-Flüsse-Stadt', denn wie bereits erwähnt: Dort wo Werra und Fulda zusammenfließen werden beide zur Weser. An der Spitze der
Flussinsel, der Tanzwerder, wo wir unser Autor
geparkt hatten, wird der Weserbeginn durch zwei
'Wersersteine' markiert. Auf dem älteren steht die
Inschrift:

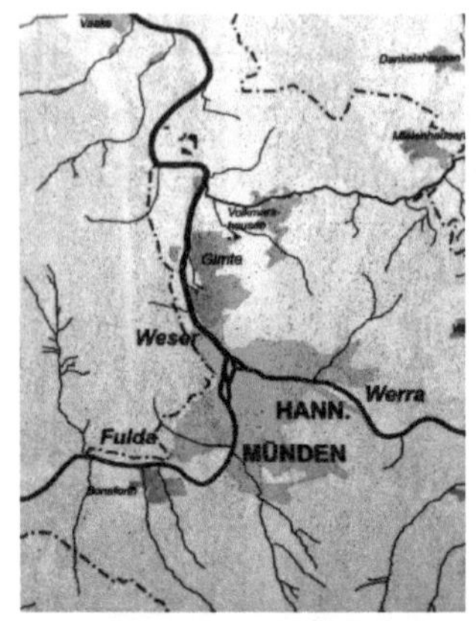

Wo Werra sich und Fulda küssen, sie ihre Namen büßen müssen, und hier entsteht durch diesen Kuss, Deutsch bis zum Meer der Weser Fluss.

Man könnte noch einen Kuss hinzufügen, denn sowohl der westliche Teil als auch Teile der östlichen Gemeindegrenze der Stadt fallen mit der Landesgrenze Hessens zusammen.

Urkundlich wird Hann. Münden zum ersten Mal 1183 erwähnt und da auch schon als Stadt betitelt. Doch die Siedlungsgründung reicht vermutlich bis in den Beginn des 9. Jahrhunderts zurück. Bereits 1247 erhielten die Mündener vom Braunschweiger Herzog Otto I. das Stapelrecht zugesprochen, was ihrer Stadt zu einem großen Aufschwung verhalf. Vorteilhaft war in diesem Zusammenhang auch die Untiefe des Werrahohl am Rande Hann. Mündens, wodurch die Schiffer zum Abladen gezwungen waren. Erst durch den Bau einer Staustufe mit Schleuse und Nadelwehr in der Werra in den 1870er Jahren wurde dieses Hindernis für die Schifffahrt beseitigt.

Bis ins 16. Jahrhundert hatte sich Münden zur belangreichsten Handelsstadt vor Bremen gemausert. Gehandelt wurde vor allem mit Glas, Textilien, Holz und Getreide aus Thüringen und Färberwaid, das ein wichtiges blaues Färbemittel war. Von der Nordsee kam auf der Weser hauptsächlich Fisch zurück.

Am 22. Juli 1342, dem St.- Magdalenentag, wurde die Stadt vom sogenannten Magdalenenhochwasser überflutet, eine verheerende Überschwemmungskatastrophe, die das Umland zahlreicher Flüsse Mitteleuropas betraf. Es handelte sich um das schlimmste Hochwasser des 2. Jahrtausends im mitteleuropäischen Binnenland, bei dem zahllose Menschen ihr Leben ließen. Zu der Zeit gab es in Hann. Münden immerhin bereits etwa 500 Häuser. An der St.-Blasii-Kirche (Nähe Rathaus) erinnert ein Gedenkstein an die Katastrophe. Er markiert zudem die Höhe des damaligen Wasserspiegels.

Anno 1525 heiratete Elisabeth von Brandenburg Erich I., zu dessen Fürstentum auch Münden gehörte, und bekam Münden von ihrem Gatten als Leibzucht und Herrschaftsgebiet zugesprochen. Sie holte den Reformator Antonius Corvinus nach Münden und übernahm 1540 nach dem Tod

Erichs I. vormundschaftlich die Regierungsgeschäfte für ihren noch minderjährigen Sohn Erich II. Elisabeth residierte in Hann. Münden bis 1546 und setzte den Protestantismus durch.

Während des Dreißigjährigen Krieges wurde die Stadt im Sommer 1626 nach mehrtägigem Beschuss durch die Söldner Tillys eingenommen und ein Großteil der Bevölkerung getötet. In die Geschichtsbücher ging das als 'Blutpfingsten' ein. Und zwischen 1757 und 1762 (Siebenjähriger Krieg) besetzten französische Truppen mehrmals die Stadt.

Ein trauriges Kriegsereignis fand 1776 statt. Damals wurden in Münden fast 20.000 hessische Soldaten eingeschifft, die Friedrich II., Landgraf von Hessen-Kassel, seinem Verbündeten Georg III. (Kurfürst von Hannover und König von Großbritannien) zur Verfügung stellte, damit sie für ihn im Amerikanischen Unabhängigkeitskrieg kämpften. Auch die Rückführung der Soldaten im November 1783 fand über Münden statt, aber kaum mehr als die Hälfte von ihnen kam wieder.

Über Jahrhunderte hinweg hat man im nahen Kaufunger Wald Braunkohle, Tone und Sande abgebaut, die auf der Kohlenstraße und von 1894 bis

1931 über die Steinberg-Drahtseilbahn nach Hann. Münden transportiert wurden. Die Tone bildeten die Grundlage für die Töpferindustrie, die in Münden ansässig war. Das Töpferhandwerk lässt sich hier seit 1561 nachweisen. Neben Keramik wurden auch Ofenkacheln hergestellt.

Der Nationalsozialismus hinterließ ebenfalls Spuren in Hann. Münden. Am 30. März 1933 bekam Adolf Hitler die Ehrenbürgerrechte der Stadt verliehen (die ihm erst am 27. März 2008 durch den Rat der Stadt wieder aberkannt wurden). Am 10. Mai 1933 fand auf dem Mündener Marktplatz eine Bücherverbrennung statt. 1935 wurde die Werratalbrücke der Reichsautobahn (die heutige A7) errichtet, die sich einige Jahre lang die größte europäische Autobahnbrücke nennen konnte. 1942 hat man die bis dahin noch verbliebenen jüdischen Mündener in Konzentrationslager deportiert, wo von ihnen nachweislich 126 ums Leben kamen. Zwar blieb Hann. Münden im Zweiten Weltkrieg bis auf wenige Ausnahmen von direkten Kriegsauswirkungen und Kampfhandlungen verschont. Doch als die Edertalsperre nahe der Stadt Waldeck im nordhessischen Landkreis Waldeck-Frankenberg bombardiert wurde, erreichte am 17. Mai 1943 eine Flutwelle die Stadt und richtete beträchtliche Schäden an.

Erst gegen Ende des Krieges fielen Bomben auf Hann. Münden, durch die 32 Menschen starben und 50 schwer verletzt wurden. Kurz vor Eintreffen der vorrückenden amerikanischen Truppen sprengten deutsche Pioniere alle Brücken im Stadtgebiet, nur die historische Werrabrücke, über die man auf der Radtour die Stadt verlässt und wieder erreicht, verschonten sie.

Noch etwas interessantes haben wir entdeckt, als wir mit dem Rad ankamen. Am 'Blumer Wehr', kurz bevor man rechts auf die Werrabrücke einbiegt, um in die Stadt zu fahren, sieht man am Ufer zwei große Turbinen, die sich fortwährend drehen. Es handelt sich um eine REHART Wasserkraftanlage, die zur Stromerzeugung genutzt wird. Diese Wasserkraftschnecke ist angeblich weitaus fischschonender als alle herkömmlichen Turbinentypen. Zum einen laufen die Schnecken nur mit geringen Umdrehungsgeschwindigkeiten von ca. 25 bis 27 U/Min., zum anderen treten innerhalb der Anlage keine Druckunterschiede auf, die den Schwimmblasen der Fische gefährlich werden könnten. So können die Tiere die Anlage angeblich problemlos passieren.

Bei einem Italiener am Ziegenmarkt nehmen wir unser letztes 'Mahl' in Hann. Münden zu uns.

Dabei entdecke ich am Schaufenster des wunderschönen Fachwerkhauses gleich nebenan ein Plakat, das mich schockiert und traurig macht. Das Haus wurde von einem berüchtigten Spekulanten gekauft und dem Verfall preisgegeben. Ich meine, das hätte die Stadt vor dem Verkauf ahnen und verhindern können ...

Damit geht unserer Reise zu Ende. Einer Infotafel am Fluss haben wir entnommen, dass ein Wassertropfen von Hann. Münden bis zur Wesermündung nur vier Tage braucht, während wir immerhin neun Tage unterwegs waren ... aber wen kümmerts! Wir haben dafür eine ganze Menge gesehen und erlebt und freuen uns schon auf eine nächste Tour.

Wir hoffen sehr, dass wir Ihnen Anregungen und Tipps geben konnten und wünschen Ihnen eine gute Reise mit vielen unvergesslichen Erlebnissen. Wenn Ihnen unser Ratgeber gefällt, freuen wir uns über Ihre Empfehlung und eine positive Bewertung bei Ihrem Internethändler. Sollte Ihnen etwas nicht gefallen oder können Sie etwas beitragen und haben Vorschläge zur Verbesserung, setzen Sie sich bitte mit uns direkt in Verbindung: info@by-arp.de . Für Anregungen stehen wir gerne offen.

Weitere Radreisebücher und mehr finden Sie in unserem Verlagsprogramm.

‚Lesefutter' aus unserem Verlag

Mord mit Herz / Ronda Hendrikus
Acht Ladykrimis für zwischendurch
ISBN E-Book: 978-3-946280-13-2
ASIN: B0182GC8JY

Verlorene Töchter / Ronda Hendrikus
Sieben Ladykrimis für zwischendurch
ISBN E-Book: 9783946280415
ASIN: B01MSY9JRO

Cognac mit Schuss / Ronda Hendrikus
Acht Ladykrimis für zwischendurch
ISBN E-Book: 978-3-946280-15-6
ASIN: B018K9SH16

Geliebter Mörder / Ronda Hendrikus
Sieben Ladykrimis für zwischendurch
ISBN E-Book: 978-3-946280-14-9
ASIN: B018K9SV76

Seine letzte Bahnfahrt / Ronda Hendrikus
Neun Ladykrimis für zwischendurch
ISBN E-Book 978-3-946280-63-7
ASIN: B088HGHVB6

Oje, du fröhliche ... / Friederike Costa
Vierzehn Weihnachtsgeschichten
ISBN E-Book: 978-3-946280-16-3
ASIN: B018UJZF8E

Oma, hast du Strapse? / Friederike Costa
18 Kurzgeschichten für Frauen im besten Alter
ISBN E-Book: 978-3-946280-37-8
ASIN: B01LF7QIWK

Liebe süß und scharf / Friederike Costa
13 Kurzgeschichten mit Rezepten
ISBN E-Book: 9783946280422
ASIN: B01N7K6FQN

Im Feuer der Liebe / Lina-Sophia Clement
Historischer Liebesroman
ISBN E-Book: 978-3-946280-52-1
ASIN: B075CMT4X8

Die Liebe einer Königin / Lina-Sophia Clement
Acht historische Kurzromane
ISBN E-Book: 978-3-946280-55-2
ASIN: B07CK7MSVT

Schokolade für die Liebe / Lina-Sophia Clement
Sieben historische Kurzromane
ISBN E-Book: 978-3-946280-56-9
ASIN: B07F6XZ7KF

Tausend Sterne über der Wüste
Lina-Sophia Clement / **8** historische Kurzromane
ISBN E-Book: 978-3-946280-57-6
ASIN: B07K6JDNNL

NÄHE / Literaturpreis Grassauer Deichelbohrer /
Anthologie – 33 Geschichten / ASIN: B07YVD2K2P
ISBN 978-3-946280-60-6
E-Book - ISBN 978-3-946280-59-0

Geheimnis / Literaturpr. Grassauer Deichelbohrer
Anthologie – 30 Geschichten / ASIN   -   B08JZC34M1
ISBN E-Book: 9783946280644 / 978-3-946280-64-4
ISBN Buch: 9783946280651 / 978-3-946280-65-1

Ratgeber

Von Trennung, Tod u. Trauer / Angeline Bauer
ISBN Printausgabe: 978-3-946280-32-3
ISBN E-Book: 978-3-946280-02-6
ASIN: B015D045U2

Angst überwinden & stark sein / Angeline Bauer
ISBN Printausgabe: 978-3-946280-31-6
ISBN E-Book: 978-3-946280-05-7
ASIN: B015WKTRYW

So finde ich mein Glück / Angeline Bauer
ISBN Printausgabe: 978-3-946280-30-9
ISBN E-Book: 978-3-946280-07-1
ASIN: B015WKTWRY

Die Holunderküche / Angeline Bauer
ISBN Buch: 978-3-946280-40-8
ISBN E-Book: 978-3-946280-11-8
ASIN: B017WCDE1